新时代师范生教师专业发展系列丛书

U0573539

我的教师专业发展之路

——基础教育青年教师成长叙事

张和平　郭三玲　陈颖颖　丁琳◎主编

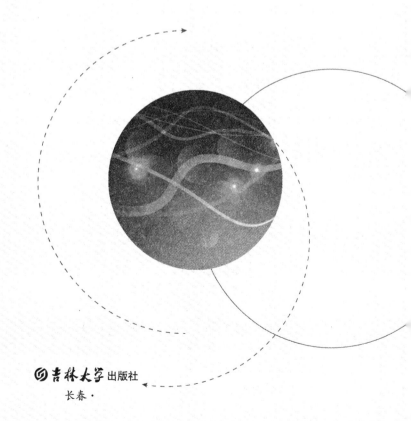

吉林大学出版社

长春·

图书在版编目（CIP）数据

我的教师专业发展之路：基础教育青年教师成长叙事 / 张和平等主编 .— 长春：吉林大学出版社，2022.8
ISBN 978-7-5768-0643-4

Ⅰ．①我… Ⅱ．①张… Ⅲ．①基础教育－青年教师－师资培养－研究 Ⅳ．① G635.12

中国版本图书馆 CIP 数据核字（2022）第 176610 号

书　　名：我的教师专业发展之路——基础教育青年教师成长叙事
WO DE JIAOSHI ZHUANYE FAZHAN ZHI LU——JICHU JIAOYU QINGNIAN JIAOSHI CHENGZHANG XUSHI

作　　者：张和平　等　主编
策划编辑：邵宇彤
责任编辑：高欣宇
责任校对：周　鑫
装帧设计：优盛文化
出版发行：吉林大学出版社
社　　址：长春市人民大街4059号
邮政编码：130021
发行电话：0431-89580028/29/21
网　　址：http://www.jlup.com.cn
电子邮箱：jldxcbs@sina.com
印　　刷：三河市华晨印务有限公司
成品尺寸：185mm×260mm　　16开
印　　张：12.75
字　　数：220千字
版　　次：2023年1月第1版
印　　次：2023年1月第1次
书　　号：ISBN 978-7-5768-0643-4
定　　价：78.00元

新时代师范生教师专业发展系列丛书

主编： 刘永存

副主编： 郭三玲、张和平

《我的教师专业发展之路：基础教育青年教师成长叙事》第一辑：

主编： 张和平　郭三玲　陈颖颖　丁　琳

编委（排名不分先后）： 张思蔚　胡舒菡　陈林琛　何　莹

郑　红　王亚雪　张　琪　李晶晶

赵禄琪　朱孟浩　余　艳　陈　文

许文燕　石小芬　吴欢燕　陈开灯

王宏莲　刘　芳　于　重　叶　凡

李静文　王秀秀

序　言

让"观想"助力我们的专业成长
——致行知实验班校友们

"观想"是佛教用语，大意即把意识化作图像，与我们周围的生命产生一种连接。图像和意识之间相互幻化，生命体之间意识相互作用，从而构成生命意识的对话。"观想"既是策略，也是方法。若沿循本义，似乎过于玄虚，而从教育哲学视角去理解，似乎更具有借鉴意义。简明说来有三点：一是所有生命体之间的信息是相互关联和作用的；二是所有的教育图景皆可任我幻化并可臻于完美；三是有意义的教育生命就是在不断反思与分享中实现德性享受。

湖北第二师范学院"行知实验班"历届毕业生的专业成长证明，教师专业生命的成长本质上是教师主体性的发展，是作为生命整体的发展，是从一种生命状态上升到另一种生命状态的过程和结果。作为关键主体的教师的德性直接关系到教育教学实践是否具有足够的德性，合乎德性就是教师自我发展的价值逻辑。因此，从这个角度来讲，教师专业发展的实质就是一批同道之人，以一种平视的角度在做合乎德性的"观想"。

新教师之"观想"，主要是要理解教育的本质就是"生命的关联"，而不是把自己作为单纯的知识传授者，把学生视为知识的容器。要明确只有做到自觉关注并尊重学生生命诸要素的变化，教育教学的真义才能得以践行。也就是说，新教师要让学生把自己真正当成"教师"，这才算是有"教师"独有的存在感。因此，新教师必须努力让教育教学活动与学生个体生命要素产生实质性的关联，无论你在不在教室和校园，都能让学生确认你的"在场"。

成熟的教师之"观想"，主要是能基于丰富的教育教学实景，结合多彩的学生生命个性，完成多种教育图景的幻化与绘就。教育教学的许多如意与失落会在潜意识中左右教师的教育教学实践行为，并容易形成强烈的心理暗示。而成熟的教师应该是本着积极健康的心态去与那些似曾相识的生命相处。特别是擅于发挥皮格马利翁效应，让由衷的赞美、无价的信任和完美的期待成为学生成长的一种内生力量，去温润每一个与自己相遇的生命。

优秀教师之"观想"，主要是能对所有既存的、已经历的教育教学事件加以梳理、反思和追问。数十年黄金般的时光，拂去的是时间的铅华，留下的可是人性的光芒？这一段光阴有时简单得仅用一张 A4 纸就能装下，但有时却丰盈、充实得成为生命不可承受之重。所以，一次心灵的自我慰藉、一次教育人生经验的分享和一次职业发展中相互的欣赏，一定比那种空洞的表彰和世俗的荣誉来得更为受用。一个在漫长教育实践中浸润的教育中人在"观想"时才有真正的悠闲与自足，因为"当下即是一切，如此正是幸福"。

如果说生命的个体原本是有限的常数，不可估限的变量正是她选择的生存发展方式，并时刻影响着其生命的流向与路径。无数优秀教师的生存方式和成长轨迹表明，无论是将一桶水浓缩为几滴水的教师与学生，还是从几滴水中领悟一桶水的教师和学生，他们在教育教学域场相遇，都应该是一场场生命的盛事。而适时地与同行们分享则是教育之光数十年聚合的一朝发散，也是促进其应然人生的一次循道捷径。

教师生命的个体往往渺小，教育事业的成就需要众人汇通。我们都是从生命原点出发，像螺旋一样向上或向下，感悟着属于我们自己的教育人生。作为教师，能够深层次认同教育心灵话语是可遇不可求的，但是，我们要善于以一种静静聆听的方式与他们进行教育体悟与教育智慧的交流。请相信在某个夜晚独处时，当记忆中呈现的场景与自己经历的某一个片段、某一个故事暗合时，这一刻，一种高远的快意一定会漫过流动的生命！

教师是最需要反思和"观想"的一种职业，是要用"爱"作为引擎的职业。真正的教育之爱不是自私地索取，而是无私地奉献；不是贪婪地占有，而是无怨无悔地付出，是对每一个生命的尊重与敬畏。

校园是师生共生共长的空间，愿更多的"行知人"能成为优秀的教师，并永远向着生命，偎着生命，用心灵唤醒更多的心灵，用生命"观想"更多的生命。

湖北省教育科学研究院院长　傅华强

2022 年 4 月 25 日

目　录

不忘初心　砥砺前行

（武汉市金银湖中学　朱孟浩）

努力学习，改变生活

📖 童年经历

1989 年，我出生在一个农村家庭，虽不富裕，但父母勤劳，日子也算安稳。为了生活，我的父母总是非常辛勤地农作，不仅要耕种，还会饲养一些家禽补贴家用。

记得小学六年级的某一天，母亲要去街上卖鸡蛋，我兴冲冲地要求一起去。到了街上，母亲选择了一个空位摆摊，没过一会儿就有人来驱赶，说我们占用了他的摊位。母亲赶紧收拾好鸡蛋另寻他处，我也低头跟在母亲身后，最终母亲找到了合适的位置。过往行人络绎不绝，没有多少人关注到渺小的母亲和我。不知过了多久，终于有人来买我们的鸡蛋。她在筐里挑挑拣拣，毫不客气，母亲怕鸡蛋破损却不敢言语，还要小心地为她装好鸡蛋，结账时还被她抹掉了零头。对于我们来说，卖鸡蛋的利润本就微薄，出来一趟的不易也不必多言。本来是想要跟着母亲出来玩耍的我内心充满酸楚，我决心要好好学习，用知识改变命运。

📖 选择教育

2009 年，填高考志愿时我填报了科学教育专业，但是被调剂到了教育技术学专业，就读之后发现自己更加向往的还是科学教育专业。为了学习我向往的专业，第一学期期末我鼓起勇气去找院长表达我想转专业的诉求。记得那一天，大雪纷飞，我独自一人走在去院长办公室的路上，心里既慌张又无助，然而我在院长办公室门口等了一下午也没遇见院长，只好无奈地返回寝室。后来，学校刚好有了一次可以调剂专业的机会，我紧紧抓住了那次机会，如愿就读了我喜爱的科学教育专业。为了赶上大家的学习进度，我几乎将所有课余时间都用在了补课上，并乐此不疲。

📖 暑期支教

2009 年至 2011 年，我连续三年参加了暑期支教。记得上第一节课前，我反复翻看课本，精心准备，满怀信心，期待给孩子们带来一节精彩的课堂。可是第一节课下课后，就有同学向我反映，我语速太快，吐字不清，学生没听懂。原本满怀信心的我听完学生的话后仿佛被打入地狱！这无疑给我带来了沉重的打击。回到寝室后，我对着镜子刻意练习语速和发音，反反复复，直到天黑。说实话，改变说话语速比备课还要费心。再次上课的时候，我也有意识地放慢了语速，去适应学生的接受能力。那时候我真实地感受到，教师不仅要有丰富的专业知识，更要有传授知识的技巧和耐心。

📖 行知实验班

当得知行知实验班在招收学生时，我毫不犹豫报名参加并顺利通过了考核，有幸成为第二届行知班的学员。在行知实验班的这段日子，我收获颇丰。这里的每一个学员都是我学习的对象，有的有纯正的播音腔、有的能写漂亮的粉笔字、有的有独特的设计理念、有的能惟妙惟肖地表演，可谓个个身怀绝技。更难得的是，在专家老师的讲解、指导下，经过训练，我们学习了新的课程标准，对教材进行了解读，学会了分析教材，渐渐明白了教材编写的目的，在备课讲课时能站在更高的角度，思路更加开阔、思维更加严谨、思想更加丰富；通过鉴赏优秀教案，学会联系生活经验和相关课程资源设计教学活动、创设教学环境，我们知道了教学设计的基本要求和方法。

2012 年 11 月至 2013 年 1 月，整整两个月的湖北大学附属中学的实习教学生活短暂而充实。我从备课、授课、作业批改、与学生的相处、沟通方式等多个方面真实地体验到了教师的日常生活。在此我也完成了我的第一次正式授课。对我来说，这堂课还是相当成功的，上课从容不紧张，能和学生互动，学生也配合。但我给学生提供的表达的机会还是太少了，没有留出更多时间给学生。经过实践，我深深体会到台上一分钟，台下十年功的真谛。

初入教职，砥砺前行

📖 师生交往的尺度

得益于在行知实验班学习的经历和专家老师们的指导，我有幸通过了教师招聘考试，成为一名教师。2013 年 7 月 15 日，我到学校报到上班，校长给了我课本等相关的资料，安排好课程后，最后嘱咐了我一句，"不要和学生打成一片"。当时我十分不能理解这句话，我们不是要和学生平等相处，心连心，要时刻保持爱心、信心、耐心、责任心，要走进学生的心灵吗？因为我觉得学生经常向老师请教，老师经常主动帮助学生，可以使学生的德智体美劳各个方面都有很大的进步，老师在帮助学生的过程中，自己也得到了一定的发展，融洽的师生关系有助于推动教育教学的良性发展。带着疑惑和不解，开始了我的教学生涯。很快，我深深体会到了校长那句话的含义。我以为和学生走得近，学生就会一直听自己的，会体谅和理解自己。有时候我因为学生犯错已经很生气了，学生却不以为意，还当没事一样嘻嘻哈哈，结果导致关键场合，有些学生连起码的尊敬师长都不能很好地做到，我陷入了教育工作的被动状态。后来我转变了对学生的态度，变得严肃起来，渐渐地和学生保持了一定的距离，情况才慢慢好转了一些，但是这个过程花费了好长的时间和好大的精力，而且还让学生认为之前对他们好都是假的！这个经历使我真正认识到：对教育教学和学生成长、教师工作开展而言，建立和谐的师生关系虽然很有益，但是教师和学生交往一定要把握一定的尺度！

📖 学习成长

工作的前两年，每一天对于我来说都是崭新的：新的知识点、新的教学情境、新的学生问题、新的教研活动，等等。记得第一次备课组内老师听我课后的评价是整体设计花了很多心思，但是课堂重点不突出，难点没有突破。这无疑给了我一个晴天霹雳。我认认真真花了一个多星期准备的课，被批评了。痛定思痛，我静下心来反思，向书本求知、向领导求帮、向同事求教、向实践求真。这让我意识到，备课不仅要备知识，更要备学生。知识点是基本固定的，但是学生的具体情况是不一样的，备课时要考虑学生的具体情况，适当做出相应的调整。之后，我每上一节课都认真做好总结反思，过一段时间就找不同层次的学生谈话，了解他们对知识掌握的情况，并及时做出改进和优化。实践是检验真理的唯一标准。经过不断的努力，我们班和其他班的成绩差距由原来 10 多分逐渐缩小到 6 分、5 分、3 分、1 分，最后在中考中超过了其他班级！

2014 年和 2016 年有幸参与了前辈参加省优质课比赛到全国优质课比赛的全过程，看着前辈从区里的比赛到市里的比赛，从市里的比赛到省里的比赛，最后到全国比赛，一路披荆斩棘，最终获得一等奖的好成绩。在这个过程中我亲眼见到了一堂课从无到有、从细致到更细致、从优秀到更优秀的全过程。有时候哪怕是上课时试管的摆放角度、课件上的一个标点符号、讲课时的一个语气词等都要经过反复推敲。从中我体会到了教育是门科学，更是门艺术的含义，我看到了前辈们对知识的专注和严谨的态度，这对我今后的职业生涯产生了深刻的影响。

📖 磨课经历

2017 年 9 月份我报名参加了学校青年教师优质课比赛，我的磨课在紧张、兴奋中开始了。从刚开始的迷茫，到懵懵懂懂，再到最后尽情享受那份收获的喜悦，我一步步感受到了磨课的意义。

我上课的题目是人教版化学九年级上册"燃烧和灭火"这一课。首先查阅资料，自行设计教学过程，没有任何人帮忙。经过几天的修改，教学设计初步成型。随后便进入了紧张的磨课环节。在组内老师的鼎力相助下，我的教学设计从开始的稚嫩慢慢趋于成熟。

大家对照课程标准，帮我修订了本节课的教学目标，将一些不符合学生实际的、空而大的目标大胆舍去，只抓住重要的关键点。我们对教学环节进行梳理，精简了一些环节，使课堂活动安排得更为紧凑，整个教学流程在头脑中逐渐清晰起来。包括各个环节，如何精心设计实验、如何过渡衔接，大家也对我进行了非常细致地指导。在研讨中，和组内老师合作学习，与组内老师的知识经验、思想方法进行交流和碰撞，极大地激发了我的灵感，使我的内心受到很大触动，使我在教学方面的思想认识有了巨大提高。通过教研研讨让我收获了很多，我明白了如何对教学内容进行取舍。教学流程的每个环节都应有它的设计意图，必须紧紧围绕教学目标进行，一些与教学目标无关的内容要大胆舍去，即便有些想法真的很好，但是如果不能为教学目标服务就只能忍痛舍去，要分清主次，不必面面俱到。

经过老师们的点拨后，进入了说课阶段。在这一阶段大到教学环节的设计、衔接，小到每句过渡语，甚至幻灯片的一个图片、背景，我们都反复打磨、修改，使出浑身解数。探讨遇到的问题，全组成员群策群力，扎扎实实研讨，脑袋都快"磨出泡"了。直到结束时，看到完整的设计与精美的课件，我们总算暂时长舒了一口气，露出了难得的笑容。在磨课过程中，我辛苦着，成长着，收获着，快乐着。

接下来到了试讲环节。尽管做了充分的准备，可在真正的课堂上，还是发生了很多意想不到的情况。比如，学生缺少生活经验，做实验时不少学生不会擦火柴；学生认为油锅着火时，在锅内放入较多青菜和盖锅盖一样能隔绝氧气；等等。于是，我们又进行了研究，根据学生的实际情况进行了调整，将学生熟悉且有操作困难的实验改为课前微课视频；制发学案，了解学生预习成果并收集学生疑惑问题，有针对性地进行调整；更换指向性更明确的图片；等等。这样调整后学生理解起来就容易多了，学生也更关注他们还没有弄清楚的问题，上课的情绪和积极性也被调动了起来。

接下来的几天就是在不断地试讲，组内老师帮忙录像，然后再回放录像，再通过研讨不断调整。

终于正式上课开始。有了之前的试讲和调整，这一天的课上得很是顺利，教师收放自如，学生积极活跃。最后这节课获得学校一等奖的好成绩，组内老师的谆谆教导我铭记在心，感激不尽。

一次磨砺，就是一次成长。磨课是一件痛苦的事，需要反反复复做同样的事情。但正是在一次又一次地打磨和反思中，磨出了教师创新思维的火花、磨出了教师合作交流的默契、磨出了教师把握教材的能力。

顺应时代，勇于创新

📖 信息化改革

全面推进素质教育的同时，需要我们教师掌握信息化的教学手段。2017年我参加了武汉市教育教学信息化大赛，这次赛课和以往不同，需要将信息技术运用于课堂教学中，这又是一次挑战。有了前面成功的经验，这次我在原课程的基础上进行优化调整，融合信息化技术，希望课堂质量能更上一个台阶。

为了契合这次活动的主题，需要查找视频、动画等资源，但是找了好久也没有找到合适的资源。没有资源只能创造资源。我向计算机老师学习动画制作，通过网上搜索教学视频学习剪辑视频。根据教学设计，我学习制作了微课，学习了录屏软件、视频剪辑软件，剪辑合成了三段微课，录制了小知识讲解视频，制作了 Flash 动画、设计了课堂检测等。这些教学资源在上课时推送到了学生的平板电脑上，极大地丰富了课堂内容，唤起了学生的求知欲望和兴趣，我讲授新课、巩固知识，不再那么枯燥了，特别是在检查评价时，通过平板反馈，能够及时准确知道每个学生对知识掌握的情况，并和学生互动、查漏补缺、提高课堂效率。功夫不负有心人，经过精心准备，这次课获得武汉市一等奖、湖北省二等奖的好成绩。

经过这次信息化整合大赛，我深深体会到，信息环境下学习的空间是开放和广阔的，有效地利用信息资源，有利于学生素质的培养和知识能力的提高，同时信息资源的运用有利于教师主导作用的发挥，有利于教师对课堂教学的组织、管理和控制，有利于教师激发学生的主动性、创造性，使学生充分发挥认知主体的作用。

📖 耐心引导

我自参加工作后便一直担任九年级化学教学工作，由于工作成绩得到学校的认可，我承担起班主任的工作，这让我对教师育人又有了新的认识。记得班上小瑞（化名）同学头脑灵活，思维活跃，但是比较调皮，不踏实，做任何事都喜欢随心情，不喜欢老师说教。为了帮助他改掉坏毛病，我结合化学学科的特点，利用课余时间邀请他到化学实验室和他一起清洗试管。起初，小瑞同学并不情愿，在一旁乱洗一通，我什么也不说，只是独自认真地清洗试管。片刻后，我递给小瑞同学一支试管，说："咱们来做个实验吧！"对于做实验的邀请，他还是很高兴的。他认真地跟着我一步一步地做实验，但是他做的实验现象却和我的完全不一样。小瑞同学很不理解，我微笑着又递给他一支试管，说道："你再试试。"果然，这次实验现象和我的一样了。小瑞同学很不解地瞪着大眼睛望着我，"其实第一支试管是你洗的，你再仔细看看，它并没有清洗干净。"小瑞同学不好意思地笑了笑，开始慢慢地清洗其他的实验仪器，我欣慰地笑笑，也继续清洗着仪器。虽然看似简单的清洗试管这件小事情，却对整个实验产生了关键的影响，试管里有污垢，当然会有不同的实验现象。只有把身边的小事踏踏实实做好，才能不断成长、不断进步，越来越优秀，相信主动清洗试管的小瑞同学一定也明白了这个道理。

为了培养小瑞同学认真做事的习惯，我和小瑞同学做了约定：坚持每天清理实验室，每坚持五天，教他学一个新实验。对于这个约定，小瑞同学兴趣盎然，经常主动要求打扫实验室卫生、摆放实验仪器。虽然小瑞同学偶尔也会"掉线"，也有任性的时候，但我并未放弃，经过半个学期的坚持，当小瑞同学在干净整洁的实验室里做出了一个又一个有趣的实验，听到老师赞赏的肯定，收获同学们崇拜羡慕眼神的时候，小瑞同学感到了满足和幸福。他惊讶地发现，原来踏踏实实、一步一步地做事情，竟然有这么大的魔力。慢慢地，小瑞同学的思想转变了，学习态度也跟着转变了。同时，我依旧坚持利用课余时间对他进行辅导。小瑞同学态度改变了，做事踏实了，学习也进步了，变成了同学眼中的好学生。小瑞同学也很高兴地和同学们分享着自己蜕变的经历，将自己学习到的新实验分享给更多的同学，再后来，化学实验室里多了更多的"小瑞"。

"用一件件小事去引导和感染孩子们，并在实际活动中身体力行，可以获得意想不到的效果。"我是这么想的，也努力这样做，勤勤恳恳、一丝不苟，认真对待每件事，切实做好教育教学工作中的各个细节工作。正是有了这份认真和坚持，我和小瑞等学生的录像课"燃烧和灭火"获得了武汉市一等奖的好成绩。

📖 最好的课永远是下一节课

教学有法，但无定法，最好的一节课永远是下一节课。抓好每节课的教学重点、难点，找出教学难点的突破口。多向经验丰富的老教师学习，有不懂的问题多请教，多与之探讨。每节课力求上得生动、有趣，重、难点突出，保证课堂四十五分钟的教学效果。认真体会教育家的教育思想，用科学的理论武装自己，指导实际工作。按照新课标和新教材的理念，积极进行课堂教学模式的改革，优化课堂教学过程，探索适应新教材要求的教学方法，处理好课程改革和执行教学常规的关系，提高教学质量。珍惜每一次学习机会，虚心向同事学习、向名师学习、向专家学习；多开课，不断提高自己的执教能力，并及时写教后感和反思。

从最开始只会复制粘贴、参照别人的资料，到后来逐渐学会自己制作微课、动画；从最开始的重点不突出、难点没有突破到后来能在学校优质课评比中获得一等奖，再后来获得区、市一等奖，最后获得省级优质课奖项。每一次公开课都是一次蜕变，都是一次历练。功夫不负有心人，现在的我也收获了一些成果，每年基本上都能获得区级及以上的优质课或论文奖项，如市实验教学说课评选活动一等奖、省中小学实验教学说课活动二等奖等。我的工作也逐渐获得了同行的认可，并在区里做了元调复习备考策略专题报告，产生了良好的效果。

质朴无华，静待花开

以前我专注于教学生知识，满脑子是教材教法、传授知识点、使得班上学生的学习成绩能赶上其他班。后来我发现，对同样的知识、同一个班级每个学生的学习结果却不同。我开始把关注点逐渐转移到学生身上，发现学生间的差异，我不仅教他们知识，更要教他们学习知识的方法，这样学生不仅学得轻松，我教得也更轻松了。再后来，有学生毕业后回学校来看我们的时候，总是会提到上学时的点点滴滴：因为某位老师的一句暖心的话感动了他，他始终感恩在心；因为某某老师并没有强制要求他要考多少分，而是鼓励他不断克服困难，战胜自己，反而让他卸下包袱，轻装上阵，考上理想的学校，学习理想的专业……我逐渐意识到，我们不仅要教学生知识，更要教学生学做人、学人生。

正如张文质先生在《教育是慢的艺术》中所说的："教育是一个慢活、细活，是生命潜移默化的过程，所谓润物细无声，教育的变化是极其缓慢、细微的，它需要生命的沉潜，需要深耕细作式的关注与规范。"在我们陪学生成长的时候，学生也在陪伴我们成长。我逐渐体会到，每个孩子的成长过程都充满着跌下去和爬起来。如果他一跌倒，我们就去惩罚他，而不是等待他、鼓励他自主地站起来，那他也许会耍起性子，干脆不起来，等着我们来拉扯他。以前在课堂上常出现这样的情况：学生在回答问题时，常常想回答又说不出来，或者说来说去说不到点子上。这时，我会急躁地打断学生，做一番暗示，过早地把现成的知识全部讲出来，迫不及待地将知识填塞在学生的头脑中，每讲解一个知识点后，我会"关心"地问道："你们听明白了吗？"现在，我会慢下来，会给学生时间，让学生去思考，启发、引导学生回答问题，我会说："我讲清楚了吗？"我现在不仅重视对学生能力的培养，更重视学生综合素质的提高，注重化学教学与思想教育相结合，做到既教学又育人。

我欣慰于将知识传授给每一名学生，做学生的知心人，为学生奉献自己的时间和精力，作为普通教师如此，作为一名党员教师更应如此，作为党员教师，我会继续在平凡的岗位上发光发热，在三尺讲台上继续书写自己的多彩人生。

作者简介　朱孟浩，男，湖北武汉人，武汉市金银湖中学化学教师，先后担任班主任、年级主任助理、党办主任等职务，曾获区身边好党员、区教学质量与效益先进个人、湖北省中小学实验教学说课活动二等奖及武汉市一等奖、武汉市教育教学信息化大赛整合课例一等奖等荣誉。

中小学一线教师评论　教师，是一种职业，传道、授业、解惑，更是一项事业，教师以生命感悟生命、以心灵塑造心灵、以人格影响人格。在教育教学实践中，教师的关注点经历着从教学生如何获得分数到教学生如何获得更多分数再到注重学生综合素质发展，这也体现了教师专业素养的不断发展。教师专业发展是当今教育界关注的热点，教师自我专业发展意识是实现持续的教师发展之源。教师的专业成长＝经验＋反思，自主发展意识为教师成长注入了生命活力，教育教学活动中的"关键事件"则为教师专业发展提供了现实的契机。教师具有内源性的发展需求，结合外部的各种培训学习途径，在实际的课堂教育教学活动中，不断地观察，反思总结，才能更好地实现教师专业素质的不断发展。（杨银分，武汉东湖高新区教育发展研究院教研员，中学高级教师）

高校教师评论　教师是一门职业，但又是比较特殊的职业。教师从事的"教育"工作饱含着太多人的期许、愿望和理想。当一个人贫穷的时候，期望通过教育改变生活命运；当一个人富有的时候，期望通过教育变得精神富足；当一个人无法达成理想时，期望通过教育让子女去实现自己的梦；等等。教师职业的最高目标就是帮助无数个学生和家庭去实现这种个性化的需求，帮助学生成为"理想"中的人，帮助学生成为他（她）期待的"自己"。教师的专业成长也是围绕这个最终目的去不断完善的。而教师自己，毫无疑问，也是这个教育生态中的个体，通过教育，他（她）成了理想中的自己，成了教师。（张和平，湖北第二师范学院教师教育学院教授，博士）

在繁复中优雅前行

（武汉市陆家街中学　于重）

王开东在《天空海阔你与我》中说："老师的教育教学，无非就是发掘学生爱好，帮助孩子更好地成长，如其所愿，野蛮生长，激情满怀，幸福满满。"

值此母校约稿之际，也想学学王老师，将我七年教师生涯记录下来，很喜欢"芳华"一词，用来诠释教师生涯再合适不过了。有一期节目，主持人问宁静："如果让你回到20岁，你愿意吗？"宁静说："我不愿意，我好不容易才变得这么老，好不容易才有了一颗不会轻易被摧毁的心，我怎么舍得自己变年轻，除非我能带着现在的记忆回到年轻。"屏幕上的宁静，说话温文尔雅，姿态大方，看不出丝毫的老态。是的，谁都不愿意回到当初那个傻白甜的自己，但是谁都愿意带着一路走来的经验和智慧回到过去，成为一个具有上帝视角的大拿。而教师就具备这样的条件，此时此刻2021年8月，我刚刚送走第二届毕业生，即将开始我的第三届教师之旅，就是这样一个大拿。

蓦然回首，温暖如初

📖 数经院的专业学习

在湖北二师的四年大学学习生活是我一生的精神财富，执教以来一直以二师校训——"学高、身正、诚毅、笃行"严格要求自己，数经院的四年求学时光培养了我强大的逻辑思维能力和严谨的数字分析能力，数学世界的博大精深也磨炼了我的意志，让我在任何时候都绝不轻言放弃。我还遇到了一群热爱数学的导师们，犹记得冯光庭老师挂在嘴边的那句"数学是一位冷美人，她有着火热的灵魂"，丁道新老师在我们学习《数学分析》快要崩溃的时候充满深意的一句："当麻烦到来的时候，机遇接踵而至"，李海雄老师一节课下来满满的四个黑板的板书和汗流浃背的身影。对于现在的我而言，那些高深的数学知识可能离我越来越遥远，可是学院老师们传递给我们数学学子的那份能量一直都在。

📖 行知班的素质培养

如果说大学前三年的专业学习生活是一笔精神财富，那最后一年行知实验班的经历则让我树立了信仰，在我初为人师遭遇艰难坎坷时给予我直面困难的担当和坚持不懈的勇气。何其有幸成为一名行知人，让大四这一年忙碌而充实——名师讲座、三笔字训练、普通话训练、形体训练、才艺训练、讲故事比赛、模拟上课、名校实习、考编指导……这一切的背后是行知班的全体老师们竭尽全力的付出，他们所有的努力不仅让我在笔试、面试中脱颖而出，也让我有足够的底气站稳讲台。

初为人师，砥砺前行

📖 摸爬滚打的第一年

带着憧憬与期待，我认识了我的第一批学生——2014级的七年级学生，可是我第一年担任班主任的教学经历却并不顺利，遇到了很多我不曾预料到的教育问题。我常常会"霸道"地去"威胁"学生，甚至"警告"某个孩子你必须怎么样，不然我就怎么样。常常在数学课上声嘶力竭地进行班级教育，导致数学教学无法正常进行。常常打着"为你好"的名义去批评学生却不被理解，还因此责怪学生辜负我的良苦用心。孩子们从起初的畏惧变为后来的无所谓，而我也从刚开始的嚣张变为后来的疲惫和无奈。初为人师的我开始犹豫——教师这条路，我到底该怎么走？

那一年的寒假，我再次拜读了苏联教育家苏霍姆林斯基的著作——《给教师的建议》，再次深深地被这位教育家的教育情怀所折服，感叹在那样一个时代，苏霍姆林斯基可以把每一个教育问题都想得那么透彻、那么全面。这一百条建议，每读一条我就会自我反省一次，自我反省推动了我的专业成长。回首第一学期担任班主任和教学的经历，那个时候的自己在班级管理和数学教学上确实有很多问题，而这些问题的存在又是理所当然的。很多问题的解决和处理方式，对于当时的我而言，已经是我认为的最好的方法了。我的自我反省不是因为自责，而是为了去做最好的自己。

第二学期，我开始调整自己、充实自己、完善自己，慢慢地找到了和学生相处的方式。每个人的立场不一样，看待问题的角度不一样，其实每个人都不容易，身为班主任的我，要做的就是正确认识自己的立场，并在各个立场之间找到平衡，从相互"折磨"走向相互成就。期末综合考虑之后，我向学校提出申请——回七年级从头再来。

📖 仰望教育星空的第一届

在 2018 年 6 月，我送走了第一届毕业班，初为人师的好多第一次都和他们一起经历，现在回想起来都是那么美好，我见证了他们三年的芳华，他们也见证了我的芳华。

陪着四班的孩子从七年级走到九年级，与其说是陪着他们走，倒不如说是我们携手一起走过，很多老师都夸班上的学生很乖，其实人很多时候都是"如人饮水，冷暖自知"，而这三年的经历也教会我如何努力成为一个仰望教育星空的人。

我相信每一位初当班主任的老师都和当年的我一样，对自己的班级有着规划和憧憬，可是现实往往是残酷的——为了协调好两个班的数学教学与班主任工作，一次又一次地加班调整；因班主任的日常琐事对时间的占据，一次又一次地想要放弃；因与学生偶尔不愉快的互动，一次又一次地否定自己……现在回望走过的路，事情解决好之后的我在遇到下一件事情时也能够更加从容淡定。一直在学习李镇西先生说的"班主任工作要进入感情上的良性循环——当我们越是全身心地投入，对教育就会有越来越多的感受和思考，自然就会有越来越多的教育成果，而这些成果又会鼓舞和激励着我们以更大的热情投入到班主任工作中去"。

曾经的我有一段时间在应试教育和素质教育的这个漩涡里挣扎得好辛苦，都说八年级是一个分水岭，我想除了智力占了一小部分原因之外，这个时期的心理上的调整也很关键。这些掉队的学生停止了努力付出，肯定是没有找到调整好自己的方法，没有找到坚持下去的勇气。而在大漩涡中的我，因为懂得，所以我努力找到平衡点，找到适合我的班级管理方式，不再挣扎，不再彷徨，我要引领学生在知识的海洋里遨游，告诉他们努力前往的远方很美好、很值得，而我会在他们的身后，默默陪伴。

运动会上每一场比赛的陪伴，班级文化墙设计和制作的陪伴，元旦晚会上每一个环节和节目的陪伴，乒乓球、足球、毽球等体育比赛的陪伴……这所有的陪伴带来的是我和孩子们情感上的共鸣。我想那些仍在坚持的学生，他们的动力之一肯定是我们老师的陪伴和坚持，让他们在找到那个叫作"坚持的动力"之前，会无比坚定地相信他们并不孤单，他们从来都不是孤军奋战。

乘风破浪，破茧成蝶

📖 低头脚踏实地的第二届

我会让自己越来越优秀，用带第一届学生时积累的经验和智慧，让第二届越来越好。2018 年 9 月，带着三年的经验和智慧的我遇到了七班这个新的群体，他们和上届的班级是完全不一样的，闹腾、喜欢表达、过度自信……原来班级和班级是不一样的，而我在带班心境上也有了很大的转变，以前我总想着结果，一定要达到这个结果，现在我不会这样要求学生，更不会这样要求自己，因为过程更重要，未来的不确定性太多，任何一个因素都会影响学生的成长。我喜欢王老师写的这四个词——"如其所愿，野蛮生长，激情满怀，幸福满满"，以前我觉得作为班主任，爱和尊重最重要，现在我觉得智慧和方法更重要，要思考解决当下问题的最合适的方法，也要教会学生主动思考解决问题的方法。

教师工作最好的状态就是你和学生在这个班集体里都觉得很舒服，看淡很多自己无能为力的事情，做好自己可以做的所有事情。成为大拿的最牛能力是用学生的逻辑来看待师生矛盾，解决一切师生矛盾的逻辑起点是意识到指责学生是毫无意义的，我们更应该反思自己。相比第一届的我，第二届的我慢慢意识到我的情绪学生是无法感同身受的，这并不是因为他们铁石心肠、麻木无知，他们知道你很辛苦，知道老师是为自己好，也知道同类型的题不应该错，可是物极必反，这样的抱怨和发泄多了，学生也会委屈甚至反感。我一直都在思考如何更好地引导这群每时每刻都想要表达的孩子们。辩论会是我的第一选择，九年级下学期的最后一次辩论会让我真切地感受到了他们的成长和变化，第一次辩论会的"鸡飞狗跳"还在脑海中浮现，慢慢地，孩子们在活动中学会倾听，认真思考，尽情表达。我想真正的长大正是如此——"我不同意你，但是我欣赏你的价值"。

📖 "疫情时代"和"后疫情时代"的教育责任

2020 年初发生的一切让我们明白了生命的无常、对健康的珍贵、人性的幽微、要珍惜平凡生活，一切的一切都将成为我们生命中无法忘却的回忆。很庆幸自己是一名教师，可以在如此之糟的日子里，做一些力所能及的事——线上教学。

视频授课和学校上课的最大不同就是没有直接得到学生的反馈，每一个知识点的讲解都需要老师凭借经验去预设学生可能会遇到的困难，因此对重难点的把控就格外重要。此外，还要注意老师录制视频的语言和语速，语言是否精练准确、语速是否恰到好处，等等。有过录课经历的老师都会有这样的抓狂时刻——每一张课件都会重录无数遍，却仍然不满意。这样的精益求精不是因为老师的经验不足，而是想把最好的教学效果呈现给另一端的孩子们。

以前每一位老师要备所有的课，现在每位老师只需花足够的时间去备一节课，然后全员共享，就可以为真正解决中国教育的核心问题——"优势教育资源平民化"出力。

教育工作者最大的转变就是将生命放在首位，关注每一位学生的身体健康和心理健康不再只是空洞的口号，而是班主任每天都会实实在在去做的事情——测量体温、中午陪餐、教室消毒、锻炼身体，最最重要的是课后学生的心理教育。长达八个月的家庭生活与学习，每一位学生的心理或多或少都会受到冲击和影响。班主任的工作相比以往更加琐碎，面对这一个又一个的小山丘，我们要做的是，不要抱怨，也不要唠叨，我们要想办法去面对山丘、越过山丘，因为在我们的远方有一个更加美好的世界，它在默默等候披荆斩棘的我们。

📖 努力成为学生对这个世界的向往

一名学生不管今天的学习和生活遭遇了什么，只要他能够通过我看到这个世界的辽阔与美好，他就会有继续努力下去的期待和勇气。

越来越能感受到教学相长的意义，一名越来越优秀的教师的认真努力是能感染到学生的。教师应沉下心来研究教学方法，用优秀的专业能力和人格魅力潜移默化地影响学生。2020年11月，我有幸代表我校参加武昌区教育局党委策划举办的青年人才综合素质大练兵活动，本次练兵采取无领导小组讨论形式。此次活动也让我收获满满，增加了教育理论知识储备，提升了思辨能力，透过现象看本质，努力提升了自我格局。作为教师不仅要"种桃种李种春风、更应该种松种柏种永恒"。2021年4月我被评为区优秀青年教师的消息被学生知晓后，受到我的鼓舞，他们在6月的中考中取得了三年以来的最好成绩。教师和学生之间的最好的状态是共同成长，彼此成就。

"教书，是我钟情的神圣事业；育人，是我承载的终身担当。我将……为成为教坛明日之星而矢志奋斗，铸就湖北二师永久的荣光！"七年了，当年那个紧握拳头宣誓的小女孩长大了，更加明白教书育人的神圣意义。凡是过往，皆为序章，我要带着这七年的芳华，不忘初心，砥砺前行，在教师工作的繁复中优雅前行。

作者简介 于重，女，2014年于湖北第二师范学院本科毕业。2014年考取武汉市武昌区教师编制，任教于武汉市陆家街中学，从事初中数学教学工作、班主任工作、数学组备课组长工作等。多篇文章在省市区级平台获奖或发表，多次在区级平台开展数学观摩课和主题发言，所带班级多次被评为校区级先进班集体，2020年被评为武昌区优秀少先队辅导员，2021年被评为武昌区优秀青年教师和百优班主任。

中小学一线教师评论 教书容易，育人不易。无论时代如何变迁，技术怎么更新，教育"育人"的本质是赓续长存的。因为每一个学生都是独特、复杂、娇嫩的个体，每一个学生都是成长和发展中的人，他们是不完美的。所以教师的工作，是一项需要情怀与大爱、理解与智慧、勤恳与淡泊的伟大的工作。然而，教师也是成长中的人，需要在与学生的交往中不断反思自我，调整自我，充实自我和完善自我，努力成长为学生对这个世界的信赖与向往。教师的专业性，在于恪守育人之道德、在于把握育人之方向、在于精进育人之技艺、在于创新育人之方法。于漪老师曾说过："一辈子做教师，一辈子学做教师。"育人是教师成长道路上永恒的命题。既然我们选择了教师这一职业，便是选择了爱与责任；既然站上三尺讲台，便要风雨无悔。（胡艳虹，武汉市陆家街中学副校长，中学高级教师）

高校教师评论 "在繁复中优雅前行"，一语道出初为人师的甘苦与心境。"繁复"说出了教育生活的"忙碌""琐碎"与"杂多"。如何直面这种"忙"与"杂"，是初为人师不得不面对的一道选择题。是沉湎于事务主义不能自拔、处处被动地应对，终至忘却教育的理想，被现实所俘虏，还是选择从日常的繁忙、琐碎与杂多中跳出，不忘教育的初心，在对环境的不断适应与选择中，主动地去塑造环境、改变现实？于老师给出的答案是，"在繁复中优雅地前行"！"优雅"既是一种气质，也是一种生活态度，更是一种职业生活的德性。在这里，于老师给"优雅地前行"

做了很好的诠释：将学生的生命成长放在首位；尊重学生，让学生"如其所愿，野蛮生长"；用陪伴去赢得孩子们的情感共鸣；用学生的逻辑去看待师生矛盾；与学生共同成长、相互成就；摸爬滚打，在反思式的实践中不断成长；既要仰望教育的星空，又要低头看路、脚踏实地。（夏正江，上海师范大学教育学院教授，博士生导师）

寻求梦想的旅途

（宜昌市伍家岗区杨岔路小学　陈林琛）

初秋，窗外的色彩依然热烈而繁华。单薄的嗓音透过扩音器迅速变得尖锐有力，疯狂地撞击着教室的四壁。粉笔写字的"咚咚"声响，恍若远天的战鼓，而学生们的思维也在或高或低的韵律中荡漾开来。

一缕花香随风掠过，只识其味，未闻花名。宁静的一瞬，洞穿了过往时光，竟然已经十年了。

成长从来不是一个人的事

📖 那些美好的相遇

2012 年 9 月，刚大学毕业的我很荣幸地加入了人民教师这个队伍，成为了伍家教育荣誉团队的一员，我的梦想在此起航。旭日东升，我热情洋溢地走上讲台；夕阳西下，我依依不舍地离开校园。每当听到学生叫我"陈老师"，每当看到那一张张仰起的小脸，每当从他们幼嫩的笔迹中感受到他们的点滴进步，我心里便会漾起无边的幸福。和孩子们共同成长、和孩子们一起分享，坚定地行走在教育这条路上，这就是我的梦想，我用心寻求的儿时梦想！

成长从来不是一个人的事。回顾自己的成长经历，我深深体会到，在教育这条道路上，二师是我们成长的摇篮，老师是我们前行的引路人，同伴是激发我们智慧的源泉。而让我感触最深、受益最大的，就是大学里行知实验班的教师培养工程。为了全面提高基础教育教师的专业素质，促进我们专业能力的快速成长，学校特别建立了

"行知实验班"，开创了教师导师制的新型培养模式，通过教师基本功训练、专家引领、教学比赛、专题研讨、进校实习等系列活动，引领我们迅速融入教师这个角色，提升自身的理论水平、专业素养、教学技能和创新能力。在各级领导的关怀与学校各位教师的严格要求和无私帮助下，我的教学水平有了一定提升，教学能力有了长足进步，为我顺利考取编制打下了坚实的基础。在行知班里，我还有幸认识了许多教育专家，他们用渊博的学识、深邃的思想、浓厚的感情书写着教师的精彩，是他们身上散发的光芒，照耀着我前行的道路。

无奋斗不青春

还记得刚毕业那年区里的教师教学比武活动，对于刚上班的我来说，那是一次难得的机遇，但更是让我忐忑不安，因为那也是一次严峻的挑战。一个缺乏经验的新教师在这样一场高手如云的比武活动中能自如应对吗？能镇定发挥吗？我的第一任师父——牛琨老师，第一个察觉到了我的焦虑。她对我说："做新老师的最大好处就是能够从一次又一次的比赛和学习中见证自己的成长，咱就是来好好学习的，即使发挥得不够完美，又有什么关系？获得经验比好结果更重要。何况你在大学里早就接受了最专业的训练，拥有了扎实的专业功底，你已经走在了前列。"这番话如一剂良药，立马就消除了我心中最大的障碍。

在接下来的日子里，在学校数学组全体教师的指导下，我在对教材的解读、教案的编写和试教上课等方面都收获了很宝贵的经验。最应该感谢的就是牛琨老师和关晓菲老师，她们对我的指导细致入微，甚至精心帮我斟酌每一句话，亲身示范每一个动作。直到那时我才真正认识到：有这么多优秀又慷慨的同事是多么幸福，他们对一个初出茅庐的小丫头给予了多么大的关怀，让她收获了多么宝贵的教学经验。最后的比赛结果很理想，我拿到了一等奖的好成绩，但那并没有让我骄傲，因为从课前准备到课后反思，我还有很多需要努力的地方。这段丰富而充实的经历让我干劲十足，我在教育之路上又开始了新的征程。

从心出发

成长从来不是一个人的事，但一个人想要真正提升，必须依靠自己从心出发的踏实和努力。所以，在工作之余我总不忘自觉地强化学习，用新的知识和理念武装自己。

爱因斯坦曾说："人的差异在于业余时间。"让读书学习成为一种业务习惯，成为教师的一种责任，更成为教师的情怀和追求。作为一名小学数学教育工作者，我的偶像是著名的华应龙老师，从他的论著和教学实例中我领略到了他的教学风采，并渴望像他一样在专业领域有自己的建树。我发现华老师最擅长的就是通过引人入胜的教学情境和灵活多样的教学过程激发学生的学习兴趣，使学生自然而然沉浸在学习中。就拿四年级上册《角的度量》来说，如何上好这样一节技能课呢？华老师备课时注重从日常生活找素材，连牙刷上的角都想到了。华老师设计了这样一系列学习活动：先在量角器上找角，然后再在纸质量角器上画角，最后用量角器量角。有人一定会问，包括我当时也是这么想的，绕这么大一圈才到量角，难道不是画蛇添足？我们看到，华老师由于思考了量角的本质是重合，因此他在设计了一系列的学习活动中，把学生错误的概念理解和操作行为暴露出来，充分利用学生生成的资源促进学生建构起角的大小的概念和对量角器量角原理的理解。他的设计中流露出的是他对所有学生的关爱，现在的我会意识到自己的某句话或某个设计会打击到一些学习困难的学生吗？他的种种都表现出他就是数学，现在的我是什么？也许只能称得上是一名数学老师。

俗话说，做一行就要爱一行，我喜欢教学过程中的成功，同样，我也应该去体味教学过程中的坎坷和失败，从中反思、从中总结、从中进步，将数学和自己融为一体，而不是单纯觉得它只是一个谋生的手段。

那条路

📖 徘徊中又前行

工作的第四个年头，我去了一所新的学校——花艳小学交流。还记得去学校报到的时候，刚下车，我就被当时的环境吓蒙了。学校门口有一条正在修的路，那条路一边通向城里，另一边通向遥远的山村。远远地看过去，寥寥可数的人穿过那条路。恰好那天下雨，泥泞的土路，一脚下去就看不到鞋了，那条路显得又危险又脏。

就在我犹豫着要不要逃跑的时候，门房的保安师傅仿佛看穿了我的心思，笑着对我说道："小丫头，别担心，这旁边马上就要新修一条水泥小路，方便你们出行，翻过这个小山坡就到新路上了。"保安师傅的一番话，犹如黑夜里的一道光，让我心中燃起了一丝希望。

本以为这就是我会遇到的全部困难，没想到新的工作安排——二、三年级的跨头（同时带几个年级）和教研组长让我又面临着更大的挑战。听到这一消息的时候我有些吃惊，首先是工作量会比较大，备课、上课、作业都要准备两个年级的，虽说二年级我已经教过两次，但是据说这次带的二年级班基础很差，班上还有不少调皮鬼，三年级的教材我不熟悉，而且内容较多，也比较重要，加上教研组长我没干过，要做些什么、写些什么我都一无所知，所以当时我就跟领导提出能不能考虑一下别的安排，领导极力地说服我，这个过程中他说的一句话让我决定接受挑战，她说："趁着你还年轻，压一些重担能让你成长得更快一些，多熟悉熟悉各年级的教材也能提升你的业务水平。"对于一名教师来说，业务水平是最重要的，趁着这次跨头的机会，一年干两年的事，也是对自己业务能力的提升。从此，我便每天奔波于宜昌这个小城市的最西边和最东边。

每天我总会抽空在办公室外的走廊上站上一会儿，眺望着远处这条正在修的路，盼望着工人们把它快点修好。我看着前辈同事一个个走上了那条路，虽然那条路看起来充满泥泞和坎坷，他们却每天神采奕奕。我疑惑，认为我应该不会走那条路，后来我看见比我小的同事也在走那条路。一节公开课让我看到了她喜人的变化，在这之前，时不时会听到身边的老师夸她，原来她的成长不是一夜之间，而是点滴量变，她的努力好学，令我佩服之余又有些惭愧。

📖 向往那条路

我开始向往走那条路，又害怕自己能力不足，连走那条路的资格都没有。又一年的教学竞赛，每个学校只有一名教师参与一门学科教学竞赛的名额，这一次我鼓足勇气找到了学校领导，表达了自己的想法，在得知自己争取到了比赛机会时，兴奋之余又有些担心。我能走过那条路吗？我的第二任师父——高晓琴老师，是校级领导，每天忙于行政事务，而我在比赛前一周还要出差学习，该怎么磨课呢？信息技术怎么融合在数学课堂教学中呢？带着担心和无数疑问，我踏上了那条路。无论如何我都要走过去。

对于马上面临的挑战，我不断地给自己心理暗示，鼓励自己。在压力面前，尽量用积极心态去缓解。首先，高效率地完成学校的日常教学工作，再用富余的时间去请教领导、师父和有经验的老师，请她们给自己的课提建议，得到的都是最热心的帮助。坑坑洼洼、泥泞不堪的路，有人扶着总比想象的要好走得多。同时，我不得不走上那条正在修的路。虽然难走，容易崴脚、有泥巴，我也能坚持走完，然后把鞋擦干净。

我竟然做了以前自己想都不敢想的事。每天下班后就抱着不同版本的教材，对比研究，连入睡前都在想明天哪个班上哪节课，要去哪个班试教，与哪些老师换课。凌晨一两点才睡，早上六点起床，早已成了我的作息常态。磨课十几次，我深深感受到磨课其实是磨人，但在磨课的过程中我得到了成长。等到我回头再看那条正在修的路时，它竟然快要修好了。我走那条路的经历，也成了人生中难得的财富和经历。

我的青春之梦

两年的交流期转瞬即逝，这一次，我选择了一所离家最近的学校——杨岔路小学，在这所办学历史长达七十年之久的校园里，续写我的青春梦想。

📖 脆弱的秘密

在我的青春之梦里，装着这样一个瘦小的男孩，他叫方迟。他今年才八岁，本是无忧无虑的年纪，但是他的童年却过早地蒙上了一层阴影。先是父亲进了监狱，再是母亲不幸遭遇车祸，当场身亡。我可怜的孩子，命运真残酷！他的其他亲人们曾多次来学校找我，恳求我帮帮这位可怜的孩子。我坚定地对他们说："请放心，你们是他的亲人，我也是他的亲人！我会像亲人一样关心他的！"

上课的时候，我特意点他答问，在我勉励的眼神中，他的声音像从前一样清朗。下课后，我总是把他叫到一旁，询问他回家后路上怎样、家里如何、吃得好不好、睡得香不香。看见他的鞋子脏了、衣领歪了，我便提醒他："你是老师心中最棒的男子汉！所以，你要学会照顾你自己，每天早晨，你得把脸洗干净，把头发梳整齐，衣服和鞋子要保持整洁。能做到吗？"他坚定地点了点头，笑着说："嗯，老师，我能做到！"我和他击了击掌，轻轻地抱了抱他，想把我的力量传递给他。为了保护孩子的自尊心，我一直替他保守着他妈妈去世的这个秘密。后来班上有两名同学知道了他的不幸，我便把这两个孩子叫到一块，我们结成团体，相约遵守共同的诺言，守护一个秘密。

母亲节那天，同学们都在为妈妈准备礼物，只有方迟坐在座位上发呆。我看在眼里，疼在心里。我特地为他写上这样一段话：孩子，你妈妈一直在天堂看着你呢。只有你笑了，她才会笑；只有你开心了，她才会放心。赶快笑起来吧！我把这张小纸条悄悄塞进他的小手里。不一会儿，我看见那张小脸终于舒展开来，他开始振作起来，精心地为妈妈制作礼物。我站在他身边，只是默默地、默默地看着。

留守儿童

在我的青春之梦里，还装着一个扎着马尾的、眼睛圆圆的小女孩，她叫艾馨，是一个留守儿童。每天放学，都是外公外婆接她回家。一天中午，下着大雨。我正在家里做午饭，突然接到她外公打来的电话，说在校门口没接到孩子。我一听心就乱了，关了灶火，丢下半生不熟的一锅菜，胡乱套上一双鞋子，拿起雨伞就往外冲。我要去找她，我必须去！那天的雨特别大，而且还刮着强风。风卷着雨，把我的鞋子淋湿了。雨借着风，把我的裤子打湿了。伞被风吹得左右摇晃，我的头发、衣服全湿透了。我一个劲儿地催自己快走，各种不祥的场景在我脑海里闪烁着——艾馨被人拐走了？还是艾馨自己跑丢了？天啦，艾馨，你到底去哪儿了呀？"艾馨！"我情不自禁地喊出这个名字，本能地开始奔跑。我心里慌着，脑子乱着，肚子饿着，两腿开始发软、不听使唤，眼泪也不争气地流下来，视线有些模糊。但我不能停，决不能停！因为有一个学生没有回家！因为有一个学生，她很坚强很懂事很听话！因为有一个学生，一年到头只能见爸爸妈妈一次！"艾馨，艾馨，艾馨！"我一遍遍大声呼唤，一步步快速向前。就在这时，她的外公打来电话："陈老师，实在对不起，孩子被外婆接回家啦，您别担心！"我的身体彻底软了，我倚靠在街边的屋檐下，又饥又渴，又累又乏，但我长长舒了一口气：哦，我的学生，她原来早就平安到家啦！

📖 追求教学艺术

在我的青春之梦里，不仅装着我对全班学生的关爱，同时也装着我对教学艺术热烈的追求。为了激发学生的学习热情，我努力打造快乐课堂；为了提高学生的表达能力，我潜心开创说题作业；为了更好地落实国家的"双减"政策，我专心探索分层教学、分层作业模式。为了能让孩子们喜欢我的课，除集体备课以外，我还会花费很多的时间细化课程，想不同的处理方式与激励措施，听其他老师的课，参加各级教研活动，抓住机会参加各种比赛等，在这个取经和打磨的过程中逐渐找寻自己的课堂风格。

人说学生如初恋，美好且难忘。我和学生之间没有发生惊天动地的故事，但却充满了温馨的回忆，是他们描绘着我的梦想画卷。这份职业让我感受到了教育的最大幸福是个人的专业成长，是努力靠近光、追随光、成为光、散发光的过程。

教育是一种需要经常反思的职业，我也时常在回首来时路和张望明日路。我一直都记得刚走上教师这个岗位的前一天晚上，父亲对我说："老师是要用父母心来对待别人家的孩子的职业。"在未来的道路上，我将一如既往地深爱每一个孩子，不驰于空想，不骛于虚声，在平凡的日子里，坚守梦想，带领我的孩子们一起去丈量奇妙的数学世界。

成绩已然属于过去，路还在脚下延伸，我没有什么轰轰烈烈的梦想，只想把平凡的事做得有意义，把有意义的事坚持到底。我的力量微不足道，我的成绩不足挂齿，但这并不能浇灭我对教育事业的满腔热情，我深迷我的梦想，我坚持我的梦想，因为我的梦想就是传播星火、铸造灵魂，我一定会带给更多的学生、更多的家庭美好的希望和未来，我坚信！

作者简介　陈林琛，女，湖北宜昌人，宜昌市伍家岗区杨岔路小学，先后担任班主任、备课组组长、教研组长等职务，多次承担国家级、省级课题的开题和结题工作，多次执教区级公开课、示范课，得到了业内的一致好评，多篇论文在国家级、省级刊物上发表，曾多次荣获教育质量先进个人、教研先进个人等荣誉称号，被聘为区级骨干教师。

中小学一线教师评论　"成长＝？"作为教师，我们应该深切地感受到，必须树立起终身学习的观念，只有不断地学习、更新观念和知识，不断地在实践中总结经验教训，吸取他人之长来补自己之短，才能使自己更加有竞争力和教育教学的能力。随着教学实践的增加，新问题、新矛盾也接连不断地出现，要想让自己成为一名真正合格的教师，要学的东西还有很多很多，要走的路还有很长很长。因此，教师必须不断学习，从中总结更多经验，发扬优点，改正缺点，不断探索新的知识、教学方法和教学手段，提高教学质量，取得更好成绩。我认为，成长＝学习＋思考＋行动＋合作＋创新＋反思，愿我们以此等式为参考，在教育的道路上一路前行！（牛琨，宜昌市伍家岗区杨岔路小学高级教师，曾任校教导主任，区级评课组专家）

高校教师评论　陈林琛是我比较熟悉的青年教师。我的印象中，她聪明、灵动，但有点儿叛逆，这种叛逆是超越她的同龄人的。但我也深知，她内心其实比同龄人更柔软，这种柔软来源于她内心对这个世界的热爱与对人、对善的向往和坚守。因此，我从一开始就坚信她会是一名好老师，而且这种坚信从未动摇过。所以，读完她的成长史，我一点也不觉得惊讶，这正是我心中的陈林琛。

相较于她如何备赛、如何拿奖，我印象更深刻的是，当听到留守女童没有回家，她惊乱，被雨淋，被风吹，两腿发软，一副被吓坏的狼狈样子，而恰恰是这慌乱和焦虑体现了老师对学生真实的爱。为了让学生在生活的打击面前依然挺直胸膛，陈老师一下子又能化身坚强使者，予孩子以精神支撑……

催生一个老师成长的，从来都不是那些荣誉证书和奖项，而是我们对身边的人，对那些坐在讲台下活生生的、对世界充满了好奇和渴望的孩子的真诚关爱、关注、尊重和敬畏，有这份心，教师定能在三尺讲台上谱写自己的华章。（刘永存，湖北第二师范学院教师教育学院院长，教授，博士）

坚定初心　用爱教育

（湖北襄阳高新外国语学校　李晶晶）

从湖北二师毕业转眼也有 8 年时光了，曾经在行知实验班中懵懂学习的自己，也已站在梦寐以求的讲台 8 年有余。这 8 年时光，有初上讲台的喜悦，也有心有余而力不足的辛酸。此时此刻，坐在空无一人的办公室里，思绪回到了曾经的 2012 年……

坚定初心，初尝教师幸福感

感恩当年母校安排我和同学们到武珞路中学实习，那也是我第一次以"小老师"的身份和孩子们互动、上课。一次，望着下雪的校园，我默默站在走廊里看着雪景，一声稚嫩的"老师好！"在我身旁响起。这是我第一次被孩子们叫老师好，略显手足无措的我快速地点了点头，高兴之余又有点后悔没有回一句"你好"，并看清那个宝宝的长相。不过这句"老师好！"更加坚定了我对教师职业的选择，也初次感受到了作为教师的职业幸福感。

毕业后的我回到家乡的一所民办中学——襄阳高新外国语学校任教。第一年在学校的信任下，担任了班主任工作。第一年的自己，工作充满了激情和干劲，像一个大姐姐一样带着一群小精灵，在知识的海洋里遨游。第一年青涩的自己，有被孩子们偷懒不认真学习而气得直跺脚的无奈，也有被他们精心准备的惊喜而感动得泪眼婆娑……犹记得我生日那天的晚自习课，我拿着二次过关卷走向教室，心里纳闷怎么该上课的时间教室却漆黑一片没有人，正准备发火的我却被孩子们的一声"老师，生日快乐！"惊呆了。瞬间火气消失，笨拙的我只会一个劲地说谢谢。其实教育就是心与心的沟通，你对孩子们好，真心相待，孩子们就会用最真挚的情感回馈我们。看着大家布置的黑板，看着讲台上满怀孩子们祝福的礼物，我再一次感受到了教师这份职业所给予我的财富——幸福。

快速成长，学做智慧型班主任

我第一次带八年级，做这群小大人的班主任兼英语教师时，有累、有恨、有笑、有哭、有气，五味杂陈……

还在带七年级时就忐忑八年级的教育生活，一方面知道孩子们会叛逆难教，另一方面也知道知识难度加大，既是对自己的挑战，也怕大多数孩子跟不上，优生"吃不饱"，两极分化严重。所以开学没多久，我就拿着笔记本找前辈请教。从那个晚自习起，看着笔记本上的行行字迹，内心正式宣告：我要开始奋斗啦！

八（6）班里，盛开着59朵小花，有的纯白洁净，懂事听话；有的艳丽带刺，特立独行……这一年的教育生活，教学相长，我教授他们知识，他们也促进我成长。

"老师，你相信我，真的不是我在寝室说话。"又是她，每次都是她，一个极度不像女生的女生、一个吊儿郎当的女生、一个总是惹麻烦的女生。不知是我批评她太多次，批评累了，还是看着她微微泛红的眼睛内心有所触动，那一刻我选择相信她。"好，这次我相信你，我不告诉你妈妈，但是也请你多多规范好自己的行为。作为寝室长，帮老师管理好你们的寝室；作为体委，帮老师做好管理工作。只有你自己优异，才能让人信服，用你的行动告诉我，我选你做班干部是正确的！""好，老师，我再也不让咱们班扣分了！"本来一次平凡无奇的批评教育，却使我和她之间形成了最强的情感纽带。从那天起，她开始带着320寝室的学潜生学习了，虽然她也半懂半不懂的，但是看着她努力的样子，我还是很感动。从那天起，她的英语成绩从70多分上升到了90多分；从那天起，吃饭站队，她催促孩子们快点的声音总是先于我响起；从那天起，她似乎在我心中变得可爱了。是她告诉我，偶尔一次的信任，对于孩子而言有着多么强大的力量……

"是谁把卫生工具甩垃圾桶里的，给我站出来！"布置考场布置到一半，看到卫生工具竟被扔在垃圾桶，我开始大声质问。全班无人承认，面面相觑，鸦雀无声……这时，后排的一个小小身影站了起来，走到垃圾桶边把卫生工具拿出来并且摆好了。看着他的一举一动，某些记忆瞬间被唤醒：似乎是他帮忙清理了班级学生吃饭后的餐桌，似乎是他每周大扫除都留下来帮忙，似乎也是他总是帮我发作业拿东西……那一刻，我多看了他几眼，从那一刻起，我越看他越可爱。是他告诉我，评判好孩子真的不是唯分数论，要善于跳出班主任这个管理者的身份去观察孩子，评价一个孩子要全面细致，多留意他们身上的优点，这样就会发现他们身上越来越多的优点。

"老师，我刚才上体育课不小心摔了一跤。"我看着他胳膊上渗出的血，感觉他应该很疼。带着他去德育处清理消毒，可是血擦完了还渗，总是止不住。"你爸爸在家吗？""不在，他在东津忙工作，离学校特别远。""那妈妈呢？"我突然想起一年来我从来没见过他妈妈，似乎总是孩子爸爸在和我沟通交流。"后妈不在家。"停顿几秒，我笑着对他说："没事，那老师晚上给你买点药擦擦就好啦。"第二天，小孩子的胳膊由于炎热的天气，微微有些化脓，拿着棉签擦去脓水时我问他："疼吗？""有点疼，但是我能忍。"看着这样的他，我内心微微有些心疼。从那以后，我对他多了几分耐心、多了几分鼓励，慢慢地，他的英语也从全错进步到基本结构是对的。是他告诉我，学潜生的教育有时需要慢一点。

类似这样的情景和事件很多，有的记忆深刻、有的记忆模糊、有的可能被我忽略了……感谢他们用生命中最灿烂的十三四岁年华陪伴我一年，也感谢这一年来他们教会我的点滴。我的花儿们，八（6）班再见……九年级，再见！

精益求精，领悟教师使命感

这一年的自己初带九年级毕业班，工作压力瞬间大了很多，欣慰的是班上还有曾经自己一手带上来的学生，不安的是没有担任过九年级教学和班主任工作，怕自己无法胜任。九年级的生活是极具挑战性的，同时也略有些枯燥无味。学习、练习、考试、体育训练，所有的日常都围绕着中考，偏偏那年的我们还遇到了疫情。一场疫情，让中考备考之路异常艰难。我被迫当起了主播，天天直播上课；当起了侦探，偷偷进入视频会议查找不听讲的学生；当起了心理咨询师，每天晚自习结束后分批打电话纾解孩子们的压力，给他们信心。这场疫情果然使不少孩子重返校园后出现了自暴自弃的心理。犹记得晚自习翘课，坐在操场大树下哭泣的小吴同学；一时失意，封闭自我，厌学的小杨同学；还有和家长关系紧张而不学习的小任同学。这一年的我们少了不少欢声笑语，但是多了很多并肩作战。

我很开心，大树下的你愿意抱着我微微哭泣，并且相信我可以带着你考上重点高中。我很欣慰，因厌学坐在卧室里的你愿意对我敞开心扉，诉说内心的煎熬，并且仍旧心怀感恩，那句"老师，对不起，我让你失望了"听得我的心颤抖许久。我很骄傲，任性一时的你听进去了我的劝解，不再钻牛角尖，重新开始投入中考备考中。这一年的自己，体会到了教师这份职业的使命感和责任感，教师面对的虽是一个个的孩子，但是背后却是一个个的家庭。教育除了教授学生科学文化知识、学习方法，培养学生好的学习习惯外，心理教育也是至关重要的。班主任和学生们之间心灵上的有效沟通，往往能激发孩子们很大的内在动力和潜力。

夯实教学功底，学习管理工作

回顾自己短暂的从教生涯，我已经从懵懂、空有一番激情的新教师，在学校的信任和栽培下快速成长为一线教师，班主任工作从手足无措变得游刃有余。一方面感谢二师行知班的培养，短短一年时间，却是大学最充实的时光，真的让我学到了很多"干货"：如何备课、演课、说课，学习班主任管理艺术，省教研员老师们教授如何上各种类型的课，更有幸聆听了很多全省甚至全国的优秀教师的分享。这些都坚定了我的教育初心，同时让我练就了一身本领；另一方面感谢任职的高新外国语学校这个优秀平台，同事们的信任，相互听课，互帮互助，从不吝啬经验的分享。在这所学校，我从年级教学副主任做起，到参加学校德育处管理，到承担学校团委工作，再到学习处理党务工作，不断提高自我政治修养，一步一步不断学习，快速成长。

今年的自己即将迎来新的挑战。做教师，真的是一个良心活，随着时间的消磨，能够守住初上讲台的那份初心尤为重要。雅斯贝尔斯说过："教育是一棵树摇动另一棵树，一朵云推动另一朵云，一个灵魂唤醒另一个灵魂。"的确，教师的言传身教对孩子们的教育是潜移默化的，教师的个人魅力是教育工作有效开展的必不可少的因素，教师对教育工作的执着是克服瓶颈、保持初心的保证。

希望未来的自己能够一直秉承着二师行知班的精神，脚踏实地，仰望星空，做一名优秀的教育工作者，不辜负老师们的一番辛勤培育，同时也对得起学校的栽培和家长们的信任。

作者简介　李晶晶，女，湖北襄阳人，中共党员，襄阳高新外国语学校英语教师，先后担任班主任、年级教学副主任、团委书记、党支部副书记等职务。从教以来，工作认真负责，以校为家，视生如子，教学成绩突出。作为英语教师，课堂高效，氛围轻松，节奏鲜明，风趣幽默，深受学生喜欢。作为班主任，注重德育教育，和学生亦师亦友，深受家长好评。多次获得"十佳班主任""优秀班主任""为师""金粉笔""优秀党员"等荣誉称号，2018 年被评为"襄阳市学生最喜爱的老师"；在 2019—2020 学年度襄阳市学业质量调研测试中被评为"教学质量优秀教师"；2021 年 1 月，荣获"湖北省民办中小学优秀党员"；2021 年 7 月，荣获"襄阳市高新区优秀党务工作者"。

中小学一线教师评论　教师是天底下最光辉的职业，教育是最受人尊敬的事业！教师是学校的主体，是学生成长路上的引路人。老师要想使教书与育人协调发展，共同推进，唯有用爱心、耐心和责任心才能走进学生的心灵，静候一树花开！作为一名人民教师，只有把教育当作终生的事业、把教师当作终生的职业、把成为名师作为职业目标、把培育人才作为事业目标，才能沉下身，静下心，潜心研究学问。有学问、有技术、有操守才能称得上学高为师，行为示范的老师称号，才能为人师表，做到潜移默化、润物无声地教育和影响学生的成长。

在教学中，要不断创新实践，注意教学方法的总结和信息技术的应用。老师亲力亲为，与学生谈话交心等看似是最原始、笨拙的教学方法，实际是最有效地激发学生内驱力最好的办法。只有打开学生心结，使其端正学习态度，能够自主学习，教学才能事半功倍。随着时代进步，好的老师在教学上一定是根据学生的情况与时俱进，因材施教，这样老师才能成为学生最喜爱的老师，才能打造出最受欢迎的课堂。

新时代的教师只有在不断修身、修行、修德、乐业、敬业、专业的同时仰望星空，才能真正做到传道、授业、解惑，成为人类灵魂的工程师！（余大志，襄阳高新外国语学校校长，湖北省中华职教社社务委员，襄阳市第十五届政协委员）

高校教师评论　德国哲学家雅斯贝尔斯认为，教育是人的灵魂的教育，而非理性知识的堆积。教育的本质是一棵树摇动另一棵树，一朵云推动另一朵云，一个灵魂唤醒另一个灵魂。晶晶老师用自己的行动完美诠释了教师职业的真谛。用她自己的话说，"教育就是心与心的沟通，你对孩子们好，真心相待，孩子们就会用最真挚的情感回馈我们"。因此，她也收获了满满的幸福。从实习时"初次感受到了作为教师的职业幸福感"，到工作第一年"感受到了教师这份职业所给予我的财富——幸福"，她在为人师的路上不断成长进步，收获幸福。从拿着笔记本找前辈请教，到身体力行用信任打动学生，多留意学生身上的优点，耐心对待学生等出发，她不断努力，学做智慧型班主任；学当主播、心理咨询师，与学生并肩作战，真正做到了学为人师、行为生范，履行了教师的责任与使命。"不忘初心、牢记使命"，愿我们都记住"教师对教育工作的执着是克服瓶颈、保持初心的保证。"（万爱莲，湖北第二师范学院教育科学学院副教授，博士，硕士生导师）

做一个让学生喜欢的老师

（武汉市光谷第五小学　陈文）

从教 8 年，我为自己是一名教师而骄傲。我喜欢这一职业，从中感受到了成功的喜悦和快乐。我是一个热爱生活的人，每当我面带微笑走进课堂，总会听到孩子们真挚的问候！我喜欢学生，喜欢他们天真无邪、富有朝气的小脸。"要上好每节语文课，还要当好班主任。"为此我尽力地忙碌着。尽管忙碌劳累，但看到我的学生一天天快乐健康自信地成长着，我就会感激这份不平凡的职业。是教师这份职业让我快速地成长起来。

做交心的同行者

八年的教学之路，在不断地实践、困惑、反思，再实践、再困惑、再反思中，磕磕绊绊走来。每经历一个阶段，教学方面都有新的感悟和收获，曾经的迷茫也被坚定取代。最让我难忘和感激的是在湖北第二师范学院大四期间加入行知班的经历。还记得大四刚开学的时候，行知班的招新通知下发到了我们系，这对小学教育专业的我来说是一个非常大的机遇。经过面试，我被第二届"行知实验班"录取了。在"行知实验班"经过一年的仿真训练后，原来一上台就脸红、手足无措的我成功考取了东湖新技术开发区的语文教师，实现了成为一名人民教师的梦想。在行知班学习的这一年是我大学四年里成长最迅速、收获最多的一年，行知班为我们安排了专项技能实训、微格教学、案例研讨、仿真说课等系统的课程，让我们前三年在书本中学习的教育理念迅速融入实践中去。考试前一天行知班的田恒平教授为我们鼓励加油的模样，深深印刻在我的心里！行知班给了我很大帮助，在行知班这个开放的平台，我的视野突然开阔了，在行知班，我学习到了教学的系统理论知识，用理论指导教学实践，做好教研，向专家型教师迈进。行知班的学习经历使我懂得了：一个人走路会走得快，一群人走路才走得远！

臧克家先生曾说过："一个和孩子常年在一起的人，他的心灵永远活泼像清泉……一个用心温暖别人的人，她自己的心也必然感到温暖。"臧克家先生的诗句正是我从教多载心声的写照。从行知班毕业后，我走上了"太阳底下最光辉的岗位"，成为一名光荣的人民教师，开始体会到那诗句中描绘的感受。冬去春来，花谢花开，转眼间踏上讲台已经八年了。在流逝了的永远难忘的岁月中，我经历了喜怒哀乐，也品味了其中的酸甜苦辣！

做温暖的教育者

刚毕业那会儿，我担任五年级的班主任。课堂上，望着可爱的孩子们，我感到自己的压力大极了。我根据几天来听课的所得以及从其他老教师那里所取的真经，尽量结合自己在行知班学到的知识给他们讲课。我清楚地记得我上的第一节课是《观潮》，在课前我做了精心的准备，想在第一节课给学生们留下一个好印象，但却事与愿违，在课上任凭我怎样去引导，班里却没有一个学生回答问题，随之而来的使我陷入了教学的困境：课堂秩序混乱，一半的学生不写作业……

我第一次踏上教师岗位就遇到这么多的"问题"，心里非常难受。但是，心底里有另外一个声音清楚地告诫着自己：客观因素是不能改变的，我能改变的只有我自己。我通过多方面打听了解到，孩子不喜欢语文课的原因是多次更换语文老师，对教学方法不适，久而久之，提到语文这群孩子就没有了兴趣。

于是，我仔细分析了我们班的学生，我班的学生胆子小，上课不爱发言，基础知识不扎实，因此讲课时要照顾到整体学生，尽量设计开展各种各样的活动，以便活跃课堂气氛。了解及分析学生实际情况，实事求是，具体问题具体分析，做到因材施教，这些对授课效果有直接影响。这就是在行知班学习时，田恒平教授提到的"备教法的同时要备学生"，这一理论在我的教学实践中得到了验证。备课充分能调动学生的积极性，上课效果就好。同时，努力提升自己驾驭课堂的能力，想方设法让学生投入学习，让学生感受语文的魅力。

渐渐地，我对自己的教学和班级管理工作越来越熟悉，同时深刻地感受到自己需要先进的教学理论指导，需要更多的相关学科知识的支撑，所以在课余时间，我经常读书以便丰富知识。同时我还接受了很多培训，也许是由于对工作的热爱，也许是运气好，遇上了很多好领导，最开始工作的那几年几乎每次外出学习、讲课我都能参加。我很珍惜这些学习机会，每次学习回来后都认真总结、琢磨，然后大胆地改革自己的课堂教学，2017 年我所执教的《秋思》获得省级优质课一等奖。同时，我还虚心向同事们学习，吸取教学精华和管理经验，这样不断地努力，使得我的业务水平有了很大的提高。我的课也比较受学生喜欢，家长对我的评价也不错，2016 年我获得了区"学生最喜爱的老师"，所带班级先后被评为"区级先进班集体"和"市级先进班集体"。

2019 年，我带着学校领导的嘱托，满怀着一腔热血和一颗惴惴不安的心，作为交流教师来到了地处左岭的偏远学校——光谷第二十九小。作为交流教师，在交流送教的日子里，我始终牢记使命，积极努力工作，架设两校教育交流之桥。在相互交流与沟通的过程中，不仅建立起了深厚的友谊，更做到了相互取长补短，共同发展。

到二十九小的时候，我的产假才刚结束，家里的孩子只有 100 多天，但是我依然扛起了班主任的工作。我下定决心，不管遇到多大的困难，一定要坚持下来，尽自己最大的努力做好工作。我严格要求自己，服从学校领导的各项工作安排，严格遵守学校各项规章制度，时刻不忘自己是一名交流送教老师，踏踏实实做人。我充分利用课余时间，跟学生个别谈心、交流，教孩子们用心灵去发现世界的美丽和精彩，使孩子们深刻体验到知识与学习的重要性，进而树立起远大的人生目标。在日常教学中，努力营造民主、快乐、宽容、和谐的课堂氛围，张扬学生的个性，鼓励学生敢想、敢问、敢说，尽情释放自我。让他们在学习中思考、在体验中感悟、在活动中升华。

在那里，我担任 31 班班主任，我又认识了一群可爱的孩子，我对教育又有了新的认识。记得 10 月那次班会课上，我给他们看了清华大学的宣传片，播放了清华大学千人合唱的《我和我的祖国》，可是不少孩子并不感兴趣。我有些惊讶，清华大学可是无数学子梦寐以求的学府啊！我点起一个正在玩笔盒的孩子，问他为什么不想看清华大学的宣传片，他回答我："老师，清华大学离我太遥远了，我爸说在我们这里能考上高中就烧高香了。"听了他的话，我很难过，我和他们分享了我的考研经历，因为没考上，所以一直心有遗憾……还给他们讲了妈妈和儿子一起考取上海交通大学研究生的新闻，年近 50 岁的宿管阿姨和儿子一起考研成功，从母子到同学，这位妈妈说："圆梦的道路无论多艰险，路的尽头一定是梦圆。"孩子们被这两个故事深深吸引，眼睛亮亮地看着我。然后，孩子们突然说："老师，我们一起战斗吧，多年以后我们可以考同一所学校的研究生，咱们不当师生，当同学！"那一瞬间我竟不知道说什么是好，孩子们啊！你们可知道这是老师听过的最动听的话！

在二十九小我感受到了孩子们最淳朴的爱，也深深认识到爱是教师最美丽的语言。要当一名好教师，就必须爱岗敬业，关爱每一位学生。我很爱他们，就像他们爱我一样。疫情期间，我们班一个孩子知道我下学期就要回原学校了，她给我写了信放在门卫室，她说："我们这个班就好比花果山，您是我们的齐天大圣，我们在一起的日子总是那么快乐，但美猴王终有去西天取经的那一天，小猴子们长大了也得离山寻梦，可无论我们身在何方，花果山总在那里静静等待着，等待着我们重逢的那一天！"是呀，离别的可怕不在于离别本身，而在于这份情感实在是太浓厚了，离开的时候，唯一不舍的就是这群可爱的孩子。我们班家长说了句"人在江湖，身不由己"，那瞬间觉得被人理解的感觉真好！

在交流送教的日子里，我遇到过许多的困难，人地生疏的孤独与无助，家长对我的不理解、不信任等，让我压力很大。但我始终没有气馁，既然选择了交流送教，辛苦就在所难免。因为我始终坚信，只要摆正心态，全身心付出，生活就是快乐的；只要付出了辛勤的汗水，坚持不懈，持之以恒，就必定能在身后播下一路希望的火种。于自身而言，交流送教的经历也给了我新鲜而又独特的体验和感悟，这一笔珍贵的财富也成了我教学路上的指路明灯和奋斗不息的精神动力。

做智慧的引路者

回顾自己的教学成长之路，我没有什么惊人的壮举，更没有值得称颂的大作为，我只是在平凡的岗位上做着平凡的事，生活赋予我平淡的经历，而平淡中的种种感动，却时时刻刻、实实在在地激励我前行，正是这种种感动激励了我，培养了我，塑造了我的今天。在工作中不断学习、努力工作，不断转变自己的教育观念，改进自己的教学方法。无论前进的路如何辛苦，我都会继续努力，多问、多想，多向经验丰富的老师学习，争取有更大的进步。

渐渐地，工作到了第八个年头，从刚毕业的踌躇和无措，到此刻的不断学习，感觉自己因工作得到了充实。2017年我被评为"区优秀青年教师"、2019年获得了"区学科带头人"的称号、2021年被评为"区百优班主任"。这八年我都是尽量做好自己岗位上的工作，尽自己最大的努力尽快地去完成每一次任务，总结自己的经验，从经验中学习，向他人学习，争取将自己的工作一次比一次做得更快更好。无论是在业务上，还是师德方面，我都时刻严格要求自己，我默默无闻，在教育事业上没干出轰轰烈烈的事，但我无怨无悔，为之奉献。自己的孩子前一晚发热住院，第二天把输液的孩子放在医院，在早晨七点前出现在孩子们的面前。对于孩子们，我永远会捧出一颗心来，不带半棵草去。因为我深知，教师从事的职业是太阳底下最神圣的职业，像虔诚的教徒，在教育的神殿上，用生命燃起了爱之火，芸芸众生，世代繁衍，照亮了一代代学生的心灵，成为岁月抹不去的永恒。我庆幸我是一位人民教师，我自豪我是一名人民教师。我奉献着、我欢乐着、我耕耘着、我收获着。

时光荏苒，在我从教的8年生涯中，学生带给我的是无限的欢乐，我热爱他们，感激他们，是他们的欢乐与真挚、问题与好奇、成长与提高，让我体验到了教师职业的魅力和工作所带来的成就感！茫茫宇宙，短暂人生，沧海一粟，弹指一挥，愿总是笑颜与鲜花为伴，从容与阳光同行！

作者简介　陈文，女，中共党员，曾被武汉东湖新技术开发区评为"区优秀青年教师""区百优班主任""区优秀团干部""区学科带头人"，所带班级曾被评为区级和市级"先进班集体"，所带学生多次获得省级和市级一等奖，所辅导的学生曾获"楚才作文"一等奖，本人曾获省"枫叶杯"作文大赛优秀辅导员称号。从事一线语文教学9年，其比赛课曾获"一师一优课"省级优课，并收录到武汉教育云平台，参与了湖北省教育科学"十二五"规划专项课题"网络班主任工作信息化策略研究"和武汉教育科学"十三五"规划课题"基于五行教育理念的小学校本课程开发与实践研究"，参与编写出版书籍8本，撰写多篇与语文信息技术融合、语文习作教学及信息化相关的学术论文在《教育名家》《湖北教育》等杂志发表。

中小学一线教师评论　教师心里有光，学生才会精神明亮。陈文老师一直钟情于语文教学的探索，扎根教学一线，认真钻研，勇于实践，逐渐形成了亲切自然、语言优美、充满情趣的教学特色，使课堂充盈着美丽与智慧，给学生以艺术的享受。孔子曰："志于道，据于德，依于仁，游于艺。"教师对学生来说是一个引路人似的朋友，是心灵、智慧的双重引路人。因此，在当今时代，教师的专业化发展显得至关重要，从做好一个交心的同行者到做到一个温暖的教育者，最后到做实一个智慧的引路者，我们能看到一名青年老师一路走来，一路成长，追求自己人生最美好幸福的梦想，成长为一名幸福老师！（习海平，武汉市光谷第五小学校长，特级教师）

高校教师评论 一个好老师，一定是受孩子们喜欢的，但一个好老师，仅仅被孩子们喜欢，是远远不够的。高尔基说："爱孩子，是母鸡也会做的事。"可见一个好老师，仅仅爱孩子是远远不够的。老师要善于教育孩子，需要于细微处敏锐地洞察孩子们的需求与变化，需要俯下身来耐心倾听"花开"的声音，需要贴近孩童的经验，创设具体情境，引导儿童"跳一跳，够着桃"，从而丰富儿童的生命体验经验、激发儿童的求知欲望和学习兴趣，需要"随风潜入夜，润物细无声"地呵护好童心童趣、涵养好儿童的品格品性习惯，为儿童的未来幸福奠基，需要化繁为简、深入浅出，促进儿童思维发展，乐于学习。这些都需要教师具有丰富敏锐的心灵、渊博的生活知识、灵动的教育智慧和高超的教育教学技能。陈文老师作为第一届行知实验班的优秀学员，经由多年的努力与付出，成长为现在的优秀教师，殊为不易。从优秀到卓越，是每一位"行知人"、每一位青年教师的使命。"触及心灵的才是教育"，要触动每一位孩子的心灵，需要更广博的知识、更深邃的思考、更高阶的认知。期待陈文老师不断精进，实现从优秀到卓越的提升跨越。（郭三玲，湖北第二师范学院教师教育学院副院长）

努力会让你看到不一样的自己

（广州市铁一中学　陈开灯）

山意冲寒欲放梅

📖 大学涅槃

1989 年 3 月，我出生在湖北阳新一个中医世家，爷爷、爸爸都是我们当地威望颇高的医生。从小我就学习非常刻苦勤奋，立志长大一定要做一个受人尊敬的军医。2009 年 6 月，在结束高中学习生涯后，终于迎来了高考。那一年，我原本以为自己可以考上心仪的大学，实现人生的梦想。谁曾想到，事与愿违，我的高考成绩十分不理想。在回家的路上，我情绪十分低落，强忍着快要掉下来的泪水。

回家后，我一句话都没说，躺在床上也不吃饭。父亲从我的表情里似乎读懂了什么，于是问我还想不想上大学？他告诉我，高考只是一个起点而不是终点，上了大学只要继续保持学习的心态就一定会取得更好的成就。最终，我坚定选择了湖北第二师范学院生物技术专业。

上了大学后，我放低了姿态，重新认识了自己、悦纳了自己，也不会再去想一些不切实际的目标。潜心在大学里磨炼自己的意志与品质，因为我知道所有的逆袭都是有备而来，机会只给准备好的人。依稀记得当时面向全班竞选学习委员的画面，由于之前在高中求学期间，我性格非常内向，当时也不知道自己是从哪里鼓起的勇气，让我竟然能够主动走上讲台去发表竞选演讲。

迈出的这一步，改变了我今后的人生轨迹，对我的成长也十分关键，或许这就是我的涅槃之路的起点吧。"一花开后百花开"，之后我又去参加学校的演讲比赛，同样因为是第一次，感到非常不安，会在无人的时候反复去试讲，去调适自己的演讲动作、表情等。就是这样无数次地跨越心理障碍，最后让我有足够的勇气同自己不停地赛跑。

📖 "误入"教坛

大学毕业的时候，正想着自己将来可以做点什么有意义的事情时，偶然看见了学校第三届行知实验班的招生通知，抱着试一试的心态去参加了选拔，没想到最后被录取了。这是一次偶然中带着必然的误入，让我对教育有了最初的认识。那一刻，我突然觉得自己的前路变得明朗了，知道自己需要什么，做什么能有意义。

在行知实验班的时候，有一大批中小学一线教学名师进行教学经验分享，让我对教育教学理论有了更为清晰的认知。他们在我心里种下了一颗"教师梦"的种子，随着时间的推移，它逐渐生根、发芽。直至毕业，我来到武汉中学实习，在实习学校里每天跟着指导老师听课、批改作业，我才真正知道上好一节课要做什么？管理好一个班级需要怎么做？虽然觉得每天都非常忙碌，但就是在这样的高强度磨炼中，我才意识到自己的学历还远远不够，所以才下定决心准备考研。当时我记得离考研不到一个月，即使武汉的冬天非常寒冷，我也无畏严寒，一有空就去复习考研的内容，内容看完一遍又一遍。最后如愿以偿，考上自己都没想到能考上的华中师范大学，当时感觉自己像做了一场梦。

📖 读研深造

考上华中师范大学后，我跟随导师崔鸿教授做生物课程与教学论的课题研究。当时，一下子去了师范类的好学校，面对来自全国各地的优秀研究生同学，我深深感觉到了自身专业知识和综合素质的缺陷与不足。在华师的求学生涯里，学校给我提供了一个更大的平台，这段经历对于我个人的成长起到了非常大的作用。因为学校平台更大，就有更多机会参与导师的许多重大研究项目，如国家级虚拟仿真实验平台的项目内容设计和很多教育类研究项目，这些都锻炼了我的专业研究能力，也打开了研究思路，拓宽了视野，对我日后的教学成长裨益良多。

更重要的是导师的言传身教对我的影响是一辈子的。导师曾说过，"吃亏是福""一遍不行，来两遍，两遍不行来三遍"，这些教诲对我日后进入工作最佳状态产生了极其深远的影响。也让我懂得很多事情，如主动帮助别人分担是成长最简捷的路径之一，同时也是多学本领、多增长见识的一种方式。多干活、多做事才能比别人多长本领。如果只是守着自己的一亩三分地，只扫自家门前雪，不管他人瓦上霜，接触面就会非常窄，就会成为井底之蛙。

在华师的学习，时间不长，但对我影响很大，可以说是我人生的重大转折点之一。正是因为有这么一个优质平台，才为我日后的求职奠定了扎实基础，也才会有很多单位愿意给我面试机会，让我有机会去各个单位试岗。帮老师多做事，当时的自己还是会有不理解，一是觉得自己身心都太累、太辛苦，没有明显可见的眼前利益；二是觉得做了很多的研究项目，却没有发任何的论文，没有肉眼可见的成果。感觉每天都在忙碌，却不知道忙出了什么成果。实际上所有这一切都在潜移默化地转换成了我内在的教育研究素养。只是当时身处其中，眼界不够开阔，所以没有注意到而已。如果时间可以重来，回到以前，我或许会更加努力、更加从容。

人生没有那么多假设，活在当下，全力以赴，把每一天的事情做好才是最重要的。不然回首过往，总觉得遗憾太多，就会找不到生活的努力方向。

欲上青天揽明月

📖 行而不辍

"千秋邈矣独留我，百战归来再读书。"这是曾国藩的一句经典名言，正好符合我当时的心理状态。

当时我一毕业就通过招聘进入学校工作。对于我这个新入职教师来说，在学校没有任何基础和资本，处于金字塔的底层，不论是校领导、同事，还是家长、学生对我都还不信任，前三年的表现将决定我能否在学校站稳脚跟。当时自己虽然带 5 个班的初中生物课，但他们毕竟不参加中考，考试的压力很小。这个时候，我没有选择安逸的生活，而是让自己沉下心来，拿起书本开始阅读，一学期下来写了一篇又一篇的读书笔记，这样的反思对我沉下去精心研究每一节课的教学设计是非常关键的。

时间一长，两眼一睁，忙到熄灯的工作状态，会让人感到非常疲劳，让人渐渐失去对工作的新鲜感和成就感。倦怠感一旦形成，就会积重难返。偶然的一次机会，科组长让我去试试带一下参加生物竞赛。

一开始我十分不情愿，觉得会增加新的工作负担。但我还是坚持去做了，初心是想通过竞赛把职业倦怠的危机转化为成长的契机，同时也是因为意识到边学边教、先学后教的不足，想通过不断学习、培训提升自己。

常学常新

学习就会让自己接触新事物，就不会让自己停滞不前。这个过程也让我明白做好老师得做到三点：一是有足够的教育激情，不让自己的心灵沉睡。激情可以让自己保持活力，不会把工作看成苦差事，这就需要目标明确。其实我们面对的教育对象是学生，学生每天都在不停地成长，每一天都是全新的，他们这种不停成长的状态激励我以更好的状态投入教育工作中。我带着这种强烈的使命感、责任感投入工作，要比学生懂得更多就要不断创新，将教学内容根据时代发展和学生的特点，重新进行思考和设计，上出新意，保持这种激情，倦怠感就会消失。二是提高自己的教育研究水平，不断提高效能感。自我效能感是教师能否利用自身的技能完成工作的自信程度。只有不断学习和深入研究，提高专业水平，不安现状，才能永不停息，奔向新高度，愉悦地去工作。一旦形成良性循环，工作又不断得到学生的认可、家长的肯定和同事的赞赏，成就感就会累积，就不会有职业倦怠感。三是不当苦行僧式的师者。越是压力大就越要善于劳逸结合，其实我们努力工作的目的是什么？还不是对美好生活的向往。教育的最终目的就是让受教育者追求生活的幸福，如果从事教育的人自己都不幸福，都不会享受生活的幸福，怎么成为学生的榜样？

工作紧张忙碌之余，一定要去培养广泛的兴趣爱好，多去参加体育锻炼。我最喜欢的一件事就是利用假期外出旅游，走出去见识一下祖国的大好河山和各地美食、风土人情，会让人心胸特别开阔。之后又会重新加倍努力去工作，去做让自己感觉最幸福的教育工作。

走在旅途，沿路旖旎的风景，让人心旷神怡，所有烦恼都会消散，会觉得在学生身上的辛勤付出是有收获的，更会觉得特别放松。

 扶摇直上

记得当时竞赛面临生源问题。我们的生源还不是最拔尖的学生，很多学生都是其他学科竞赛没入选的，并且他们没有太多竞赛的基础，看大学课本根本看不明白。所以需要老师把知识讲到位，还要展开来讲。那会儿，所面对的困难是非常多的，但我作为竞赛教练，要让眼前的学生看到学习的希望，因此把各个模块揉碎展开来讲，各个知识点通过看书、做练习、做笔记、讨论、巩固等至少6遍，把重点放在看书、做练习、做笔记。

我独立完成了课程体系的设计，连夜完成了课程培训方案设计。在学校乃至这座城市，我没有任何的亲戚、朋友，也没有谁能帮助自己，一切都凭借自己的努力，对竞赛工作中的一切事情都充满新鲜和热情。那时，印象中除了一日三餐和晚上休息，其余时间不是在教室上课、辅导自习，就是在办公室备课、批改作业。对工作充满好奇与激情，全身心投入到工作中，一直保持认真工作的态度。好的开始就等于成功的一半，这些坚持也为后期发展奠定了良好的基础。尤其竞赛课程难度较大、涉及知识面广，需要花费大量的时间去备课，比准备普通的一节课要难很多。有时候都在想自己能否坚持下去，最难的是经常要坐地铁转换车次，跨校区去更远的地方上课经常感觉身心俱疲。

📖 山花烂漫

正是因为自己的不懈努力和拼搏，最终在 2019 年全国生物学联赛中，我的学生首次拿到了全国联赛二等奖。2020 年，我们学校学生获二等奖 2 人、三等奖 2 人，创造了当时学校生物竞赛史上最好的成绩。你的努力和不努力别人都会看在眼里，你在奋力拼搏中得到的提升也是难以精确估量的。对于我自己来说，任何一次展示的机会都是树立个人品牌的机会，是展示领导力和才华的窗口；对于自己所教的班级来说，是凝聚人心的纽带，是提振士气的契机。

同时，通过大量的输出倒逼自己的输入，大量去阅读生物相关的专业文献和专业著作，加强自己的理论输入，再与实践教学进行结合。例如，先给自己设定一个目标，向专业期刊北大核心期刊《中学生物教学》投稿，这样就会不断逼着自己去收集整理资料，永远都不会像温水煮青蛙一般，逐渐失去进取心。最后，我的论文也如期刊登在北大核心期刊上了。而不断选择不一样的挑战，坚定了我自己的求索道路，努力成为一名有智慧的研究型教师是我不断追逐的方向。

作者简介　陈开灯，男，华中师范大学硕士研究生学历，2016 年通过广州市"优才计划"招聘进入广州市铁一中学番禺校区担任生物教师，高三生物备课组长，广州市铁一中学教育集团生物竞赛总教练，广州市教育研究院高三生物中心组成员，先后担任学校社团指导老师、校团委副书记等职务，曾获广州市铁一中学优秀青年教师、教学能手等荣誉称号，指导一大批学生在全国中学生物学联赛、广东省青少年观鸟邀请赛等大型比赛中荣获多项荣誉。

中小学一线教师评论　青年教师成长有三条路径，缺一不可。一是开展专业阅读。开展专业阅读，阶段性阅读、目的性阅读是教师有效阅读的基本要求和前提。二是开展专业科研。对于青年教师而言，参与科研课题研究，实际上就是在倒逼自己实现专业成长，同时也加快了自己从教书匠向科研型、专家型教师转变的过程。三是培养职业认同感。美国教育学者帕克·帕尔默在《教学勇气》这本书里说："真正好的教学不能降低到技术层面，真正好的教学来自教师的自身认同与自我完整。"所谓认同感，是指一个人从心里认为他所从事的职业有价值、有意义，并能够从中找到乐趣。青年教师只有对所从事的职业有较高的认同，才能找到自己专业发展的方向，才能在工作中获得幸福感，才能更快成长。（陈曦，广州市铁一中学教育集团副校长，中学高级教师）

高校教师评论　感受教师职业幸福感是教师发展的内在动力。教师的个人成长是一个不断变化的非线性过程，每一次前进的深层动力来源于职业所带来的幸福感。对于大部分教师而言，幸福感的获取一部分来源于周围环境的正向反馈——学生成绩的提高、同事的认可、个人技能的提升与知识的拓展……这些成果的获得需要扎实的专业知识和专业能力做支撑，需要坚定的教育信念为引领，以谦逊、踏实、勤恳的心态付诸实践，在"理论—实践—理论"的循环中，找到适合自己的发展方向。唯有此，方可守得云开见月明，迎来下一次的"闪光时刻"。（崔鸿，华中师范大学生命科学学院教授，博士生导师）

坚守热爱　期待未来

（武汉市光谷第三小学　王宏莲）

求学之路，美丽遇见

📖 遇二师，新蜕变

任时光流逝，岁月蹉跎，回忆大学时光永远只有美好与甜蜜。2009年9月，金桂飘香，我在父母的陪同下来到了美丽的湖北二师。在进入二师之前我一直生活在家人身边，没有过任何住校的经历，再加上父母的教育一直比较严格，所以那时的我非常腼腆害羞，对自己比较不自信，对即将到来的集体生活也是忐忑多过期待。

然而，在第一天就遭遇行李箱打不开尴尬的我收到了许多同学的帮助，瞬间让我不再紧张与不安，很快便与我善良可爱的室友们、同学们打成了一片。我们在生活与学习上互相帮助、互相欣赏，并且毫不吝啬对彼此的夸赞，我在这样和谐的集体氛围中，在人际交往上变得越来越自信，一天天蜕变为更好的自己。

同时，我在外院遇到了一众优秀负责的好老师。虽然毕业多年，老师们在课堂上神采飞扬的模样依旧历历在目。我们有最认真负责的高级英语老师，在工作如此忙碌的情况下，每一天都亲自批改我们整个系四个班两百多人的高英词汇听写；我们有要求最严格的英美文学老师，要求读原著经典、分享学习心得、背经典诗歌，名家名句都要一个个去她那里过关打卡；我们有才华横溢、温文尔雅的翻译老师，老师不喜欢电子产品，每天带领我们在中、英文字中遨游，每一天都让我们沉浸在文字的美好与奇妙中；我们还有最气质非凡的口译老师、风趣幽默的电影赏析老师、一丝不苟的语法教学老师、温柔甜美的日语老师等，因为老师们的帮助与监督，我每一次的过级与期末考试都是以高分顺利通过，外院学习的每一天都让我得到专业成长。

📖 遇行知，心蜕变

说起与行知班的缘分，可谓"奇妙"。记得还在大一、大二时，我的一位大学好友就整天在我们面前念叨："等到大四，我一定要进行知实验班，我一定要到里面去学习。"说实话，那时的我们大多数都是一心扑在专业学习上，非常的懵懂，对于行知实验班知之甚少，但是因为她的执着，使我在一直十分好奇行知实验班是一个什么样的存在，竟有如此大的魔力，让她这么早就下定了自己的决心。后来，由于种种原因，她无奈地放弃了这条路。反而是我，在大三下学期的某一天，突然在浏览官网时看到了行知实验班的招生公告。回想起好友的那份坚定，我决定试一试，向行知班递交了简历申请。就是这一试，改变了我这一生的职业规划。

递交简历之后，我马上就收到了笔试与面试通知。顾不上与专业课期末考撞期，我冲到图书馆开启了狂学狂刷题模式。幸而上天不负有心人，我较为顺利地通过了笔试与面试的筛选，幸运地成了一名行知人。其实在那时，我对行知班的班级与课程设置还是知之甚微。

一切的改变就在那一天——那一天，惠风和畅，行知班召集我们身穿民国服，隆重举行了第三届开班仪式；那一天，我们一起庄严宣誓：立德启智，成己成人！那一天，我们认识了老师与同学，并在此后结下深厚友谊；那一天，我心中似有种子破土而出，并且长得越来越茁壮……

虽然已毕业多年，但是在行知班的学习画面依然历历在目。每天早上是朗读与形体训练：我们一百多号人在教室外的走廊，或头顶书本，练走、站、坐的基本形态，或手捧教育书目，朗读背诵，好不热闹。每天上午是教育专业课学习：教育教学能力培训、教师课程设计、教育心理学、粉笔字书写、乐理知识讲解练习，每一次的学习都让我们接触到教育教学的新领域，大家兴致高昂，前排座位每次都竞争激烈，从无任何同学缺席。每天中午是普通话分组指导：说好普通话是一位教师的基本职业要求，所以每天午饭后，行知班的各个功能室里都能听到文学院的专业老师们给我们指导普通话的声音。每天下午名师专家讲座，奠定梦想的种子：每天下午，行知班都会邀请一名武汉市的名校长、名师给我们做培训报告，从他们的身上我看到了教育名家的智慧、看到了认定就坚守的执着，更看到了播撒爱之后的幸福。晚上则是我们分班学习的时间，我们的两位班主任——万爱莲与吉静老师帮我们制订了详尽的晚自习计划：万老师的礼仪课、田老师的历史故事课、结构化面试模拟课、分学科试讲课与考编试题讲解课等。学习的强度犹如高中时代的节奏，可是我们却丝毫不觉得疲乏，每天课程结束后大家都舍不得离开，基本上都在班级自习到十点才慢慢回宿舍。多么美好又充实的日子，在这里，我们每个人都由内而外地发生改变，我们变得更专业、更坚毅，我们梦想的种子开始生根发芽，我们的心已然蜕变。

二师、遇行，让我永远感恩与感怀，这里是我梦想的起点与坚定，奠定了我专业成长的基础。毕业参加工作后我还接到了万老师的慰问电话，询问我的近况，关心我的工作情况，叮嘱我遇到任何困难都可以找他们倾诉。现在回想起来，都依然热泪盈眶，一股暖流涌上心头。我何其荣幸与幸运，能拥有这样一段美好的求学经历，能遇见这么温暖的老师与同学，唯有将这份爱延续在我教育中，才不辜负母校与恩师的培养。

教学成长路，因热爱而执着

回望初心，思考自己为何会选择教育、坚定地投身于教育，好像就是因为一个字——爱。爱可爱的孩子们，爱培养我的恩师们，立志要像他们一样，成为播撒爱的人。仅仅就是因为这一爱，从觉可爱到感热爱，爱学生至爱教学、爱教育，这份爱随着我的教育路一路延续，一路沉淀，一路加深。因为热爱，所以执着。

得益于行知班的培养，2014 年还在毕业季的我就顺利地进入了教育系统，加入了光谷三小，那时的自己每一天都期待着开学的到来，期待着见到可爱的孩子们。就这样，我迎来了自己的第一批学生——四个三年级与一个六年级。因为自己是在初中实习，小学课只在网上听过，未曾踏上过小学讲台，所以对于课堂与教学我充满了茫然与忐忑。

幸运的是入职后学校一直特别重视新教师的成长，从开学的第一个星期便开展了师徒结对活动，让我们听课、仿课。就这样，我从仿学课堂指令、仿学教学流程，到开始自己慢慢设计不同课型的课。而后，学校也不断给机会让我承担公开课。虽然每一次接到任务，自己都压力爆棚，想课能想到茶饭不思的地步，准备过程犹如蜕掉一层皮，但是每一次磨课、改课、听专家点评都能让我在教学上得到新的蜕变。所以我十分珍惜和感恩这样的锻炼机会，有任务来时从不推诿。在一次次学习与历练中，提升自己的教学能力。

而后，随着自己承担越来越多的竞赛课、示范课，得到学校聘请的名师专家的指导，又有身边骨干老师的榜样示范，我越来越深刻地认识到教学研究的魅力，越来越被这样的魅力吸引。

就是因为这样的热爱，我每天下班后即使再累，也会坚持打开课本、打开电脑，思考课程设计，精心地设计每一个教学环节，写详细的教学流程，精确到师生互动的每一句话、板书设计的每一个书写点等，再根据详案制作上课课件，有时还会制作简单的上课道具，将每天的每一节常规课都当作公开课去对待。通常，从五六点下班至这样一节较为完整的课备下来，已是深夜十一二点，每天如此。但是，每一次备课完成后，脑海中都会浮现出第二天上课时与学生互动的景象：孩子们积极主动参与课堂，脸上尽是充满学习兴趣的轻松与愉悦，我也尽是满足与幸福。常常下班后已是头晕脑涨状态，但每每想到孩子们对新课学习充满期待的眼神，想到每上完一节自己觉得精彩的课的喜悦与成就感，便不管多累多乏，还是会打开课本、电脑，去备好我的每一节课。所以，这么多年，工作日下班后的自己基本不参加任何活动，每一天都是固定的流程——吃晚餐，备课，争取十二点前睡觉休息。这一坚持，就是好几年。而这一份坚持，都是源自喜欢与热爱。喜欢备课过程中的头脑风暴；喜欢因为自己前期的备，而让学生觉得学是如此轻松、如此享受；喜欢与同事一起研课，汇聚集体智慧，解决一个个难题后的满足感；喜欢因为自己的坚持，而看到的自己的点滴进步，从而完全没有任何职业倦怠感。这一份喜爱早已深入骨髓，变成了热爱。

常常有刚入职的年轻老师问我："怎样才能让自己会上课？怎样才能上好课？怎样不惧怕公开课？"我总是这样回答："除了学习专家名师的优质课，更重要的是要用自己的所学认真地备好每一节课，认真地上好每一节课，坚持半年，你会惊讶于自己的进步；坚持一年，你会在专业技能上有很大的蜕变；坚持三年，你会什么课型都不害怕。教育教学工作，就如做好每一件事一样，都是台上一分钟、台下十年功，所有的功夫都是在平时积累的。如果你也是真的热爱教育教学，你就这样去做吧！虽然付出的时间与心血会很多，但只要热爱，你会觉得一切都值得！"

因为热爱，所以选择；因为选择，所以坚持；因为坚持，所以成长！在我以后的教学生涯中，我依然会如此，坚守住自己的教学主战场——课堂，做一名因课而乐、因课而幸福的教师。

课堂管理，相信"关注"的力量

初入职，我就接到五个班的英语教学工作。每个班都有将近六十个孩子，每天我与每个班级接触的时间都只有上课的四十分钟。所以很多孩子我都不是很了解，很多孩子看我是年轻老师，也不是特别尊重我，服从我的管理，课堂管理成了很大的难题与挑战。没有经验的我只能让自己尽量严肃，有问题便大声说教来增加自己的威信。但慢慢我发现，这样好像并不是很管用，反而会增加我与学生之间的摩擦。我和小宇偶然间发生的一件故事，让我对课堂管理、对育人有了新的思考。

小宇是一个活泼开朗、聪明乐学的孩子，但他的缺点也很明显：性格冲动、脾气暴躁、喜欢讲脏话、对同学动粗。他是班级的"牛魔王"与"惹事精"代表，也是令所有老师头疼的"典型"，我平时的说教对他来说从来都是"过耳云烟"。

"叮——"，上课铃声结束，他才和另外几个同学疯跑进教室。可是，刚进教室的瞬间，他就顺手捶打了走在他后面一个女孩子的肚子。女生只是痛苦地呻吟了一下，不敢反抗，他就像没事儿人一样径直走回自己的座位。班级同学也没什么大反应，大概已经习惯了他这样突如其来的暴力行为。我询问女生的情况，女孩说还好。为了不耽误该节课的课堂教学，不引起班级躁动，我没有马上批评他，只是对他说："课间时间我们谈谈。"

课后，我将他约到办公室，对他讲："你看你上课发言那么积极、思维那么活跃，在老师眼里你是个学习非常优秀的孩子，但是你有没有听到过班上同学或其他老师在别人面前表扬过你呢？"他若有所思地摇了摇头。我再顺势对他说："你看你课堂发言总是数一数二的，可是你考试有没有拿过最高分？有没有拿过班级第一第二呢？"他又苦恼地低下了头。我再说："那你是不是要反思一下呢？反思一下自己存在哪些问题呢？"他开始非常惭愧地一一列举出自己的不足：上课还没思考好就举手，只想抢第一，可是没有真正静下心来听老师和同学们讲；下课喜欢动手打人，所以同学们都不喜欢他，班主任对他也很是头疼。听到他说这些，我内心有些许欣慰，于是对他说："开始发现自己的问题是好事，接下来要做的就是去改正。老师相信你这么聪明，以后应该怎么去做才能改变自己的形象，让同学们都愿意以你为榜样，相信你非常清楚。你先去找刚刚被你欺负的同学道歉。"他点点头。其实，当时在我心里并没有抱特别大的希望，这只是一次课间十分钟的小谈话，对他这样的"顽固分子"来说估计起不了什么作用。

然而，没想到，他在一周后就送给我第一份惊喜。一节英语课后，他突然跑来问我："老师，我最近有没有表现好一点？"我当时听到后非常开心，觉得他是将我与他谈话内容听进去了，才这么在乎老师后期对他的评价。我当然立即给出正面的评价："当然啦！不是好一点，是好很多。最近课堂上更善于倾听了，很棒！课后好像也很少有同学投诉你，行为习惯也有非常大的进步，老师觉得你很棒！"当时说完这些话就能看到他微微扬起的嘴角，然后欢腾地跑开了。这是第一份惊喜——他开始在乎老师的评价了！

第二份惊喜是大概半个月后，他的表现越来越好。一节劳技课后，他突然很兴奋地拿着一个小东西对我说："看，这是什么？"我一看："哇，好用心，好漂亮！"他拿着的正是一小块他在课堂上自己绣的十字绣，上面绣着：Thank you, Miss Wang。虽然不是特别精细，但我很喜欢，于是直接没收说："老师收了做珍藏啊！"他觉得更开心了，开始展现出自己感恩及可爱的一面！

第三份惊喜来自期末检测。考前他对我说："老师你之前找我谈话，说我从来没有考过一百分，我这次要考个一百分给你看。"我积极地给了他回应："好啊，那老师等着哦，你要好好复习啊！"结果成绩出来，我完全没想到，他真的考了一百分。全年级都只有三个一百分，他是唯一的一个男生，我知道对于过去比较粗心的他来说，取得这样的成绩真的是非常努力了。我很为他开心，也为他的神速转变惊喜着，他开始学着静下心来对待学习了。

小宇进入初中后还一直与我有联系，一次他与同学们回校看我们，与我分享他在初中喜欢的老师。我问原因，他的回答非常可爱："因为他们和你一样，都有找我私下谈心啊！"那时我才明白，原来并不是什么了不起的原因让他转变如此之巨大，仅仅就是因为一次简单的谈心，仅仅就是因为一次简单的谈话让他觉得受到了关注。原来可能所有的顽劣真的只是在用另一种方式博取关注，原来你的正面关注就有改变一个孩子的力量！

所以我现在对我的学生，尤其是一些基础薄弱、不爱学习、喜欢扰乱课堂纪律的孩子，说得最多的就是"不放弃，老师不会放弃班级里的任何一个孩子，即使你的基础或习惯再不好，即使你自己已经放弃了自己的学习，老师都不会放弃你"。这样，我可以在有限的教学时间内让每个孩子都能感受到我的关注，也正是因为这样的一份期待，许多"后进生"都在课堂上变得努力与专注，课堂变得高效了许多。

德育潜入课，润生细无声

身为一名英语教师，课堂是我的主战场，所以我的德育教育很多时候是融合在课堂教学中的。学生对于学过的知识可能会有遗忘，但在成长过程中习得的优秀品质与健康心态会伴其一生，可见德育教育的重要性！而德育教育又是一份"润生细无声"的工作，所以孩子在校期间需要所有教师携起手，同心协力，将德育教育融入每一节课，融入每一个与孩子相处的微小细节中，共同将孩子培养成爱祖国、爱生活、三观健全的全面发展的人。小学英语是语言学习的课程，在课堂中有非常多的师生交流、生生交流的机会，所以我认为英语教师更应深度钻研教材，研究育人工作，思考怎样在英语课堂中合理、恰当地进行德育渗透，打造全方位的高效课堂，培养全面发展的孩子。我一直在思考，如何在英语课中进行德育渗透呢？

📖 深度钻研教材，挖掘德育点

Join in 教材中有的教学内容德育点较为明显，学生学完后能较快地明白教材所传达的道理，但由于小学生的心智还处在发展中，想要明白教材传达的"爱国教育""安全教育""环境教育""做人道理"等，都需要教师的帮助与引导。这就需要教师在备课时深度钻研教材，挖掘德育点，再对学生进行正面、积极地引导，达到教书育人的目的。

例如，在备故事课 Joe's favourite hat 时，我认为此故事不只是简单地教语言，让孩子们笑一笑，肯定有更深入的点值得挖掘，值得我们学习与反思。在经过反复推敲与研读教材后，我将德育点放在了故事的开端：如果 Joe 从最开始就愿意尊重 Sarah 的喜好，愿意拿出自己买帽子的钱帮 Sarah 买下新裙子，那就不会发生后面帽子被"私藏"、难过、花钱换回帽子的伤心事了。所以我们不能太自私（So we shouldn't be too selfish.），当我们有自己的喜好时，也要尊重别人的爱好（We should respect others' hobbies.）。根据我在课堂上的引导，孩子们明白了这个故事教给我们的道理。更让我惊喜的是，课后纪律委员私下找到我，说自己对于故事传达的关于自私的教育非常有感触，他想结合班级的情况，给我们班专门上一节"拒绝自私"的班会课。我非常欣慰本节故事课的德育渗透见到了成效，于是放手让孩子们去准备这节班会课。

学生自定班会主题——拒绝自私，关爱他人，并自制了 PPT。

尊重个性，给予试误空间

人与人、学生与学生之间存在个体差异性，所以每个孩子对事物的看法与想法也存在一定的偏差。教师在课堂上进行德育渗透时，一定要尊重每个孩子的差异与个性，创设轻松愉悦的课堂氛围。让孩子敢于表达自己的真实想法。给予孩子一定的失误空间，学生愿意暴露错误教师才能发现错误，进而进行德育渗透与德育教育，帮助孩子改正错误。

比如，我在进行 Join in 教材五年级上册 Unit 5 Tony's garden party 教学时，让学生在总结完三个孩子对"踢碎了玻璃"提出的不同解决办法后，通过举手表决"你同意谁的观点"。我的英语课堂一直比较轻松愉悦，孩子们大部分比较愿意在我的课堂上表达自己真实的想法，所以在进行此环节时，有两个孩子非常真实地说："我同意前两个同学的做法，这样没有人看见，就不用承担任何责任了。"我没有立即评判他们的想法，反而表扬了他们能够勇敢表达自己观点的做法，给予他们一定的试误空间。同时，我询问其他同学："How do you think？ Do you agree with them？"我将教育者这一身份交给班级的其他同学，用同伴的力量感染、感化他们。A 同学说："做错事情我们就要勇于承担。诚实地告诉别人并真诚道歉，更能获得他人的原谅。"B 同学说："现在到处都有监控，你们肯定跑不掉的！等被别人抓到，别人会更生气，你们付出的代价会更大！"C 同学说："如果做了错事，没有告诉他人并道歉，晚上会睡不着觉，自己心里会一直想着这个事情，还不如好好向别人道歉更安心。"而"惊喜"就在课程结束前，我问孩子们："What do you learn from the story？"没想到刚刚一直说要逃跑的同学举手，缓缓起立，表情严肃而又坚定地说："我从这节课学到：做错事情，就要勇于承认，勇于承担！"在这个过程中，孩子们既提升了道德素养与情操，也练习了语言的运用，我非常欣慰。同时，我用"板书画爱心"与 PPT 总结的方式再次向孩子们清楚地传达了面对此类情况正确的处理办法，实现了高效的德育在课堂的融合与渗透。

善用奖励，正面引导

小学高年段学生在课堂上已不像低年级孩子那样活跃、爱表达，所以我会用奖励的方式鼓励与激励学生积极回答问题，勇敢展示自我。高年段的学生对小奖品的好奇与兴趣也不像低年级学生那样强烈，为了刺激高年段孩子，让他们对我的小奖励真正有所期待，能够为了获取奖励而更好地展现自己，我结合他们的心理特点——希望成年人能把他们当大人看待、希望得到他人由衷的肯定，给他们用心准备了一些会深受他们喜爱的奖品。

我用心挑选了儿童情感教育类的英语绘本，希望能够帮助孩子正确积极地处理青春期的各种情绪问题，并附上我的鼓励与祝福。我还根据每个孩子的性格特点，用英语手写节日祝福与评语，积极肯定每个孩子的优点与长处，希望他们能更加肯定自己、更加自信，同时也能用欣赏的眼光看待自己身边的人。

每个孩子在收到这样用心的礼物后都非常开心，有不认识的单词会回家查词典，学生的语言能力得到了提升，更重要的是，学生在我的课堂上都越来越自信、越来越愿意表达，我们的师生关系也变得越来越融洽！

📖 发散思维，全面渗透

德育教育目标涵盖的内容有很多：使学生热爱祖国，帮助学生形成正确的人生观、价值观、世界观，使学生形成良好的安全意识、环保意识、效率意识等。所以只要教师认真深入地挖掘，每节课都有德育渗透点；只要教师能够在课堂上帮助发散、拓展学生的思维，每节课学生都能得到情感意识、德育意识的提升。

例如，我在执教 Join in 教材六年级上册 Unit 4 Accidents Take care 歌曲时，我帮助学生发散思维：不仅是歌曲中的四种情况需要注意安全，安全隐患处处有，比如游泳、跑步等。想一想，生活中还有哪些情况需要我们注意？要怎样做才能避免安全事故的发生？根据你总结的情况，改编自己的歌曲。我以此对孩子们进行安全教育，提高学生的安全意识。

班上一位学生学完此课后，完成了一个改编作品，发表于校刊《和乐之声》上。看着孩子们完成的精彩改编作品，我相信他们通过本节课既提高了自己的综合语言运用能力，也大大提升了自己的安全意识。

又如，我在执教 Join in 教材六年级上册 Unit 3 Festivals 时，根据文中的中秋节、感恩节引导学生介绍自己最喜爱的中国的节日，以此提高学生对中国传统文化的了解及爱国情怀。在执教六年极下册 Unit 1 My cousin and I 时，根据文中 Liza 对自己国家澳大利亚与家乡悉尼的介绍，发散学生思维，引导学生介绍自己的国家与家乡，培养学生的爱国、爱家情怀。学生在此过程中，不仅提升了语言技能、培养了艺术审美观，更是对中国、中国的传统文化、自己的家乡有了更深的了解，获得了更强烈的民族自豪感。

课堂是教师的主战场，小学英语教师一般带得班级较多、学生较多，很难清楚了解每个孩子的情况，所以英语教师更应抓住课堂时间，合理有效地利用课堂时间与学生进行情感交流、德育渗透，关注学生各方面素养的提升。除此之外，我认为德育教育应该覆盖全学科，渗透到教学的方方面面。教师们要深度钻研教材，尊重学生个性，发散学生思维，积极正面引导，不断提升个人素养，行动起来，用"心"、用"情"做教育，为社会培养全面发展的栋梁之材。育人，是情怀，也是使命！

作者简介　王宏莲，女，武汉市光谷第三小学英语教师，2014年毕业于湖北第二师范学院。先后担任年级组长、班主任、教研组长等工作。东湖高新区优秀青年教师、区优秀少先队辅导员、校首届十大魅力教师，执教的How we see一课荣获国家级、市级及区级一等奖。

中小学一线教师评论　在教师的职业生涯中，需要不断地在专业思想、知识和理论方面提升自己，通过反思与实践，在专业化的道路上不断完善自我、发展自我。教师专业发展是一项伟大、持续性的工程。因为爱，你会探寻自我，会反思转变；因为爱，你能克服困难，迎接挑战；因为爱，你可以从每一个细节中洞悉教育之事，感悟教育之真，在点点滴滴中，润物无声地培养孩子。既然爱，那就深爱。勇敢地去挑战吧！用对教育深深的爱去战胜一切的艰难险阻，成长为更好的自己。（何艳荣，武汉市光谷第三小学信息资源中心主任，中学高级教师）

高校教师评论　教育是神圣的事业，教师是崇高的职业，育人是终身的使命，而热爱是教育事业的灵魂！随着社会的发展，教育与过去相比有了很大的不同，当下教师应该如何面对更多新情况、新问题和新挑战呢？王老师给出的答案是"坚守热爱，期待未来"。这看似简单的八个字，却饱含对教师这个职业最真挚而纯粹的感情。"热爱"既是一种生活态度，也是一种职业信仰。回望初心，对母校常怀感恩之心，选择投身教育事业；坚守岗位，认真钻研教学，即使加班加点也依然一丝不苟地精心备课；教书育人，引导学生在读书中学会做人、在做人时懂得规则、在规则中保持一颗敬畏之心。用心去悦纳学生，给予学生关注、爱护和欣赏。这一切都源于对教育的热爱。因为心中有爱、眼中有光，所以始终保持阳光心态，期待明天，展望未来！（胡茂波，湖北工业大学职业技术师范学院教授，博士，硕士生导师）

立志教育　辛勤耕耘

（十堰市茅箭区茅箭中学　刘芳）

"长风破浪会有时，直挂云帆济沧海"，这是我一直以来的座右铭，我也把它写在了学生们的化学笔记封面上，让它激励着学生们一路向前，勇往直前！

求学经历

📖 立志教育

汲取知识，求取功名，是人生中最为重要的目标。我的求学经历受到了父亲和母亲很大的影响。父亲是一名退伍军人，从小对我的要求非常严格，因此培养了我认真负责的学习态度。母亲是一名小学教师，在学习上给予了我很大的帮助。作为普通的农村家庭，虽然家境并不富裕，但是父母从未让我为求学的任何费用担心过，让我可以专心地投入到学习中去，同时也始终坚持母亲教育我的"学习要向高标准看齐，生活要向低标准看齐"的思想努力学习。受母亲的影响，从小我就立志要成为一名光荣的人民教师，当看到高考成绩的那一刻，我毫不犹豫地报考了师范院校。

📖 化生院学习

我于2010年进入湖北第二师范学院化学与生命科学学院学习化学专业。大学四年中，我学习了四大化学及物理、数学、英语、思想政治等科目，还进行了化学实验课的学习，并通过自己的努力取得了一些成绩，如被评为湖北第二师范学院"优秀团员干部"，获得湖北省第六届大学生化学（化工）学术创新成果报告会三等奖、湖北第二师范学院第五届"挑战杯"大学生课外科技学术作品竞赛优秀奖及湖北省第七届大学生化学（化工）学术创新成果报告会三等奖。

📖 行知班培养

终于，凭着自己的努力，我有幸加入了母校举办的行知实验班，系统地学习了教师职业理想、职业准备、职业情怀等十七个职业教师的专业课程。培训的老师都是母校聘请的各个学校的校长及省市各级的教研员、特级教师等，他们运用独特的教学方法在传授知识的同时引起我们的思考和感悟，增长我们的见识，从而提高我们的教学技能，提升了我们的职业素养。

四年的大学学习生活很充实，我通过刻苦钻研、孜孜不倦地学习，学习到很多知识，为我以后的教师职业发展奠定了坚实的基础。

专业成长

📖 加强理论学习，优化知识结构

2019年9月，我考入茅箭区教师编制，一直从事九年级化学教学。因为有过几年的代课教学经验，便没有了初入教育行业时的"学生喜欢我吗？""同事如何看待我？""领导是否觉得我干得不错？"这些困惑。刚来的第一年，对教学内容不熟悉，中考题型不了解，于是我迅速理清思路，调整好状态，首先搜集十堰市近五年的中考题，自己完完整整做一遍，对每一个题涉及的知识点进行总结归纳，列出双向细目标，摸清考试方向；接下来便是迅速地熟悉教材内容，研究课标，研究中考说明，做到心中有数，遇事不慌。

知识的学习是无止境的，想要做一名合格的教师，除了要有本体性知识以外，还必须要有教育学、心理学等方面的知识和实践知识，这就要求自己不能满足于现状，要崇尚科学精神，树立终身学习的理念。学校有自己的小图书馆，教师休息室里也摆满了大量的教育类书籍，如《陶行知文集》《新教育之梦》《教育魅力：青年教师成长钥匙》等，方便我们在课余时间能给自己充充电。

📖 借鉴他人经验，加快自身发展

学校给每位青年老师都指定了一位师父带我们，并在全体教师大会的时候举行了隆重的师徒结对仪式。我的师父很年轻，只比我年长几岁，与其说是师父，我更愿意叫她一声美媛姐，美媛姐虽然年轻，但是在教学上非常厉害，所带班级成绩经常名列前茅，我很佩服，也暗自下定决心，要成为像美媛姐一样优秀的教师。于是我只要有空，便会去美媛姐班上听课，美媛姐也会耐心地对我进行指导，她教了我很多：让优生和后进生师徒结对，让后进生听完教师讲解以后把错题给自己的师父讲一遍，能讲准确才算是把错题理解清楚了，每次的讲题都需要签名登记；化学实验的分组也是一样，让优生和后进生搭配着来，带动后进生的学习；作业每次必须全批全改，并且需要登记错的题和做错题的人员名单，讲题的时候有针对性地讲，高效解决错题；选课代表的时候选择两个，负责作业收发、化学仪器的拿取和班级纪律，课代表不一定要选成绩最好的，但一定要选能管得住班级学生的人；培养一个能讲题的得力助手，有时候教师讲题过多，学生会疲劳，但是学生讲题的话，其他学生就会竖起耳朵听，找漏洞，听得会更专注。

化学是一门以实验为基础的学科，实验贯穿整个化学教学过程中，教师演示实验也特别重要，于是我每次去实验室找化学实验老师张老师拿仪器和药品的时候，都会提前把实验做一遍，张老师也耐心地指导我正确地完成每一次演示实验。实验如果在讲台上做，就只有讲台附近的学生能看到，有局限性，办公室的物理老师段老师教会我一个新技能——借助希沃授课助手，可以在教室空桌上完成实验，投屏到电子白板上，让学生观看，解决了演示实验不能让全体学生观看的难题。

区教育局每年都会组织"金烛杯"教育竞赛，语数外每年组织，物化生和政史地每两年组织一次，每一次的竞赛都是一次大比拼，改 PPT、磨课、组织教学内容。毫不夸张地说，经历过竞赛的教师都"磨破一层皮"，但正是这一次次"磨破皮"的机会，让我们这些青年教师得到了一次次成长。

📖 参与教学研究，提高自身素质

现成的科学研究成果和理论不可能直接地、有效地解决教师在课堂教学中所出现的问题。真正的解决办法要靠教师在教育科学理论的指导下，在课堂教学实践中去探索、去总结、去实现。教学过程是不可预测的，尽管教师在授课之前做了充分的准备，并且写了详细的教案，但事实上没有哪一节课是完完全全地按着教案进行的。课堂教学中随时可能出现这样或那样的问题，这是教师在上课之前不可能预料得到的，问题的解决在一定程度上只能靠教师凭借自己的教学经验、对教学过程的了解和对学生的了解，结合具体的课堂教学环境和条件，找到切实可行的解决办法。由此可见，要解决教育理论与课堂教学实践分家的问题，教师就必须参与到具体的课堂教学研究中，进而提升自己的专业素质。

2020年寒假爆发了新冠肺炎疫情，当时我已经回到武汉老家。1月23日10时武汉宣布封城，这对我们来说无疑是晴天霹雳。虽因新冠肺炎疫情而产生了心理负担，但是学生即将面临中考，学业不能停止，于是我迅速调整好心态，和同事朋友家人研究学习各种线上教学方式，找到最适合我们和学生的教学方式，开展线上教学。直播课上看不到学生，不能及时掌握学生的听课状态，不能及时听到学生对知识的反馈，学生间也不能合作交流了，没有课下的练习，教学效果不是很好。还有平台的崩溃、网络的卡顿，使得教学充满了挑战。期间，我和学校其他老师频繁地沟通，使用QQ群、微信、腾讯会议、希沃胶囊等进行补充并反复实践，虽然有新问题在不断生成，但是我们在线上教学方面也越来越得心应手。

📖 经常反思教学，积累教学经验

班上有个学生成绩是我班倒数，不了解他的时候，我只知道他的成绩差，直到一次学校运动会闭幕式结束搬凳子回教室的时候，期间有同学肚子痛离开了会场，凳子没有人搬，因为是金属有靠背的凳子，着实有些重，我正准备自己去搬的时候他立马过来，一把抢过我手上的凳子，说："老师，我来搬，我可以一个人搬两个上去。"我看着他背着重重的包，还搬两个凳子，着实有些不忍心，还是坚持自己搬，但是他一直坚持："老师，我可以的。"突然，我很后悔，平时教学中给他的关注太少，他是一个多么有爱心、有责任心的孩子啊。后来我仔细观察，他在班上也乐于助人，积极承担班级任务，从不计较得失。了解一个学生，不能只看他的成绩，而应该从更多方面去了解他，发现他的闪光点，

后来，我更多地关注后进生除了成绩以外的优点，给予学生适时的鼓励，如"刘森你的字写得很工整""梁小雨你笔记做得很完整"等，可以增强学生的自信心，让学生感觉到老师的关注和爱，这样学生自然而然地就会花时间投入到学习中。

用心守护，以爱育人

"叮铃铃，叮铃铃"课间操休息铃声再次响起，孩子们都飞奔出去，只有角落里有一个孩子依旧坐在那。

　　"你怎么不出去玩啊，你看其他同学们都在操场。"这是我每节课后都会问的问题，但是她的回复也始终一样，她总是看我一眼，然后默不作声，继续一个人静静地坐在那，看着窗外。

　　其实作为化学教师，我不是每天都有课，对于班上很多同学也不是特别了解，但是对于她，我真的印象很深刻，因为她太安静了，安静得让人不得不注意她。

　　对于她，我刚开始以为她只是比较内向，因为她从小父母就不在身边，是由爷爷奶奶抚养长大的，所以平时缺少和别人交流，直到有一次我被安排给她做家访。

　　我一进门，她的爷爷奶奶就对她说："老师来了，你快出来打个招呼。"

　　她一样没有回应，没有讲话，爷爷奶奶好像也习惯了，抱歉地对我说："不好意思啊，老师，这孩子从小就这样，没礼貌。"

　　"没关系的，她可能比较内向。"

　　"是啊，她一直都这样。老师啊，辛苦您平时多看着她点。这孩子从小就不喜欢说话，经常一个人闷在一旁，也不和身边的人玩。"我越听越不对劲，这好像已经不是单纯的不爱说话了，这可能有自闭症倾向啊！

　　于是我又向她的爷爷奶奶问了一系列问题，发现她确实是有轻微自闭症。

　　为了帮助这个孩子，我经常到图书馆或用手机查阅各种自闭症的相关信息。在日常生活中，教她新技能，帮她找到感兴趣的事物。为了给她更多的照顾，我经常给她多一份的关心、多一份的爱。为了她，我也开始改变自己，无论什么问题，我都尽可能地多讲一些话，想要引导她慢慢开口。

　　慢慢地，她对我的态度开始有点转变了，走路的时候低头的幅度也越来越小，慢慢地，她从不敢看我的眼睛，到可以直视我，到眼睛慢慢有了光。在她慢慢变好的途中，有一次下课后，我依旧问她："你怎么不出去和同学们玩啊？你看她们都在操场上呢！"她依旧看着我，我正准备转身，听见她低声地说："老师，我想出去玩，但是我怕同学们不和我玩。"

　　我当时真的特别激动，但对于异常敏感的自闭症孩子，我还是不敢"轻举妄动"。我放轻声音回复她："不会的，同学们都会很喜欢你的，你看她们玩游戏肯定人越多越好，对不对。"

　　看着她听进去了我的话，于是，准备再进一步，"要不老师带你出去和她们一起玩吧！"

　　她犹豫了，我也开始紧张了起来，但是她没有让我失望，几秒钟后，她轻轻地回复了我："好！"

到操场的时候，她还有点"畏畏缩缩"的，不太敢和别的同学讲话，但是慢慢地，她也被游戏的氛围感染，开始慢慢放松自己，慢慢加入游戏中，然后慢慢露出笑容……

看着她越来越好，我真的无比开心，但是我也知道自闭症是需要长期"治疗"的，所以在平时，无论有没有我的课，我都会去班上观察她，观察她喜欢的事物，并以此和她沟通，一点一点转移她的注意力，一步一步协助她用她喜欢的方式去表达自己、表达自己的情绪。课余，我还会经常买一些她喜欢的课外书给她，或是和她一起完成一些她喜欢的活动。看着她从一开始的抗拒，到愿意回复我，愿意主动和我说话，到主动融入班级、融入同学，再到后来主动开始对这个世界绽放微笑，我真的觉得无比的欣慰。

就这样，在教她的一年中，我看着她从一个内向的自闭症孩子变成了一个开朗的女孩子，我永远忘不了毕业时她给我写的一段话："老师，谢谢您，谢谢您给了我父母都不曾给过我的温暖；谢谢您，没有放弃我；谢谢您，让我知道自己可以这样开心；谢谢您……"

简单朴实的一段话，却让我无比感动，我很荣幸自己可以见证一个唯唯诺诺的小姑娘慢慢变成了眼里有光的少女，其实我也应该谢谢她，是她，让我看到了作为一名教师的意义。

每一个孩子都渴望在自己的人生路上能遇见一位好老师，觉得能够遇上便是一种幸福，而做这种老师又何尝不是一种幸福呢？教师是阳光下最灿烂的职业。作为一名教育工作者，我需要学习的地方还有很多很多，学习的东西越多，就越能帮学生摆脱他们的烦恼。无论什么岗位都有不同的职责，既然选择了教学工作，就意味着选择了奉献、选择了服务、选择了为学生付出一切。

作者简介 刘芳，女，汉族，中共党员，1992年生，湖北省武汉市人，大学本科，中学二级教师。2010—2014年就读于湖北第二师范学院，毕业后在单位工作3年，后2年在湖北省武汉市新洲区阳逻街第四小学代课，2019年考入十堰市茅箭区茅箭中学担任九年级化学教师。

中小学一线教师评论　教师专业成长是指教师参加工作以后的教育思想、知识结构和教育能力的不断发展。由于教育的动态性和拓展性，教育技能和素质只有在教育教学实践中才能不断提高。教师的专业成长虽然在很大程度上受教师所处环境的影响，但更重要的是取决于自己的心态和作为。在新课程改革和新教育理念背景下，如何构建教师专业成长的通道、如何提升实施课程改革的能力、如何规划教师的职业生涯，就成了每一位教师必须面对的重大课题。一要结合实际，开展校本教研；二要读书学习，提升专业水平；三要勤于上课，强化实践能力；四要多促进交流互动；五要反思教学，总结教育得失。每一所学校要根据校情、师情、生情特点，努力为教师搭建专业成长平台，寻求促进教师专业成长的新途径，让教师专业水平与新课程改革齐头并进，和谐发展。（彭耀勇，十堰市茅箭区茅箭中学德育副校长，中学高级教师）

高校教师评论　立志教育，辛勤耕耘。作为一名青年教师，刘芳老师献身教育、甘为人梯，用自己坚实的臂膀托学生攀登新的高峰，甘愿化春蚕让知识与智慧延伸，甘愿当园丁用爱心和汗水培育桃李芬芳。他们日复一日地默默耕耘着，凭着对教育事业执着的追求和强烈的责任感，在"三尺讲台"上书写自己的完美人生。教师大多数时间就是这样一群在教育战线上默默无闻的耕耘者，但正是这种兢兢业业、无私奉献的精神，使得教师职业散发出迷人的光辉，备受社会尊崇，彰显永恒价值。教师对学生的爱心、耐心、责任心能感动学生、感动父母、感动世人，也感动了自己。让我们一起做学生成长路上的"点灯人"！（邓樱花，湖北第二师范学院化学与生命科学学院教授，博士，教务处副处长）

教书路上　平凡而不凡

（黄梅县八角亭中学　何莹）

2012 年 3 月，我参加了武汉市教师编制考试，结果以两分之差落选洪山区编制，我发誓来年再战。同年 5 月，爸妈瞒着我，帮我报名黄梅县教师编制考试，为了表达不满，我裸考上场。300 多人竞争两个城区英语教师岗位，其中大多是在编农村教师，还有像我一样的应届毕业生和研究生，爸妈和我都没有抱任何希望。出乎意料的是，最终我却以笔试第一、面试第二、总成绩第一夺冠。父母说这是天意，从此我便扎根黄梅，我的家乡，在八角亭中学燃烧着最美的青春。

转眼走上讲台快十年，回头看时，教书路上，虽有阳光鲜花，但风雨荆棘也不少。刚入职时，我怀着满腔热情和雄心壮志，立志成为黄梅教育的风云人物。经过两三年的洗礼，挫折不断，现实残酷，我的教师幸福感降到最低点。好在守得云开见月明，入职五年后，我终于成长为一位优秀的青年教师，慢慢看见了职业的曙光。大量的教研、教改、研讨活动，以及接二连三的优质课打磨领悟，让我快速成长，业务能力快速提升，成为骨干教师。

学生时代开始，我就喜欢用文字记录心情。如今回首过去，往事依然历历在目，借着当时的文章，回顾一下我的成长之路。

幸福初体验

经过暑假漫长的等待终于在 8 月 28 日知道了结果，我很慎重地选择了八角亭中学，也很荣幸能被它接收。如今回想起来，我最想说的一句话是选择八角亭中学很正确，成为八角亭人很幸福！

8月28日，我荣幸地被石主任亲自开车从教育局接到学校，一路听着他对八角亭的介绍，我对这里充满了憧憬。快到校门时，我很激动，即将进入的地方将是我挥洒青春的舞台、将是我梦想开花的摇篮、将是我激情燃烧的地方。门口几枝桃红的紫薇花亲和地迎接我，校园里陶行知先生的"千教万教教人求真，千学万学学做真人"的话也映入眼帘，那时我就对自己说要捧着一颗心来，不带一根草去。

在石主任的热情引荐下，我认识了林校长、李校长以及其他校领导，当天领导们的谈话让我记忆深刻，尤其是李校长的教师幸福观，更让我铭记在心。对于这个学校，我有着很好的第一印象（人文印象）。只是那高低起伏的操场让我很是诧异，也曾为此失落片刻，或许这也是八角亭中学的一大特色吧！"八角亭亭八角，一角点灯诸角亮；五凤楼楼五凤，两凤双栖旁凤愁"，就这样，八角亭中学走进了我的世界。

记得第一次放假回家，爸爸问我对八角亭的感受时，我说："那是一个很团结、温暖的学校。"短短几天的生活，我就喜欢上了这所学校。各位领导老师对我都非常热情，总是有人关切地问我是否适应，并告诉我一些注意事项，何校长、黄主任和李主任等都很热情地帮我解决生活上的问题，让我很感动。看到迎面走来的一张张并不熟悉的笑脸，心里觉得很幸福，那是一种被接纳的幸福。八角亭中学的老师真的是一个团结的整体，大家像一家人一样相亲相爱，对学校的制度也很支持。校领导们的身体力行，更是增强了学校的凝聚力。在这里，我很想感谢领导们对我的宽容，是他们给了我宽松的成长环境；我也很想感谢英语组的各位老师，她们像大姐姐一样给我鼓励、为我解决疑惑，尤其是李红老师，她永远都是那么可亲、那么有耐心。

第一次上公开课，我很荣幸得到各位领导的垂爱，他们克服各种困难，抽空给我鼓励和指点，我会永远记得他们中肯的评价和善意的鼓励。通过这件事，我也认识到八角亭中学对于新教师成长的高度重视，这样的学校一定会再创辉煌的！正如校歌所唱："担乾坤重任，舍我其谁？"初上讲台，我负责三个班的英语教学，开始确实有点措手不及。在这里，我很想感谢我的三个班主任——徐敏老师、李刚宁老师和陈标老师，正是因为有了他们的协助，我才能顺利地展开教学，也是他们给了我很多实用性的建议，让我快速成长。

短短的二十几天，就让我收获了这么多的幸福。我要谢谢八角亭中学，谢谢各位领导和老师朋友们，是他们为我创造了这么好的成长环境，让我收获这么多的幸福。

初为人师，我以最宽广的心胸面对可爱的学生们，我爱他们每一个人！短短的时间内，我努力记住了150多个学生的名字，并和他们成了好朋友。很多时候，我都是在学生们的掌声中从门口走上讲台的，这些掌声加深了我对那方三尺讲台的热爱，也更加点燃了我对教书的激情。每次走在校园，总有很多学生走上前来，红着脸对我说"Good morning""Good afternoon"等话，这让我有很强烈的作为老师的存在感，我被学生接纳了！课下，总有很多学生跑来和我聊天，天南海北地瞎侃，我喜欢这种被包围的感觉。

还记得教师节放假的那个星期五，有好多学生跑来祝我教师节快乐。当时我觉得自己是世界上最幸福的人，我的第一个教师节，收到的第一声祝福来自我喜爱的学生们，那一刻我便对自己说，即使再累也值得！每次进教室，总能看到好多笑脸和充满期待的眼神，他们急切地等待着我带来精彩的内容。想到这里，即使连上三节课我也不累，即使嗓子已经哑了我也有劲。我沉浸在幸福与快乐中，哪儿还有做不好的事呢？每个学生的第一次练习，我都用心地写下了对他们的鼓励与期许。平时，我也很注重鼓励学生们的每一次尝试，经常找同学单独谈话，我很想更多地了解他们。上周，9班的一个学生过生日，还给我送来了很大一块生日蛋糕。那一刻，我好幸福，感觉自己走进了他们的世界，我为自己感到欣慰。

刚刚毕业时，我对实际教学了解不足，仅凭自己的理论和热情，在现实中难免会碰壁，幸好前辈们不吝赐教，帮我纠正错误。同时，我也以学促教、教学相长，及时测评反馈，以找到最好的方法。

受家庭氛围的影响，三尺讲台从小就成为我向往的地方。我清楚地知道，教书是我钟情的神圣事业，育人是我承载的终身担当。在以后漫长的生活中，我将尽最大努力做到以人格引领人格、用智慧点燃智慧。

八角亭中学虽也有一些不尽如人意的地方，但它给了我一个温暖的生活环境和有利的成长环境，这里有我敬佩的领导同事们和深爱的孩子们，在这里我放飞梦想、人生起航。作为一名八角亭人，我幸福着……

静心发现美好

工作之初，任务繁重，忙着适应各种环境和节奏，心情自然有些浮躁，随着时间的推移，我开始静下心来观察生活。

发现幸福

作为一名教师，我觉得自己是幸福的，我热爱这份事业。学生在我的眼前成长、变化，而我能亲历"创造"的过程——恰似亲手赋予一团泥土生命，没有什么比目睹它开始呼吸更激动人心的了。

在学校的日子总是快乐的。我在一方小小的讲台上践行着一生简单的理想：以人格引领人格，用智慧点燃智慧。在学生中，我喜欢像明星一样被崇拜着、像权威一样被敬畏着、像朋友一样被关心着。没事的时候，我喜欢透过办公室的窗户看学生追逐嬉戏，这些总会让我不由得想起自己的学生时代，那是一段多么单纯、快乐的日子啊！

很多时候，我发现自己难过时有些学生也跟着低落，学生难过时自己也跟着高兴不起来，这种呼吸相通、忧乐与共的感觉更增加了我对这份职业的热爱。这是一种纯粹的、无价的感情。

教书带给我的快乐远不止这些，生活中的很多小细节会让人不自觉地一次次感受到自己是多么的幸福。上课的时候，有些学生明明在讲话，被发现时却装作在思考问题的一本正经模样，还有些学生做小动作被发现时马上收回手，表情就像老鼠见了猫一样……这些总是让我很想笑，学生们怎么就这么可爱呢？改作业时，经常发现学生写给我的小纸条；每逢节假日，总会收到很多学生制作的粗糙但是用心的贺卡，还有出现很多幼稚错误的，但是精心书写的请柬。每次想到这些，总会觉得烦恼全无，即使做得很多，也不觉得累。

学校还有一块小水池，那里总是积一点水，我很喜欢在太阳出来的时候跑到那里看小麻雀在水里扑打着翅膀，小脑袋灵活地转来转去，时不时抛出一句鸟语，不知是在呼朋引伴还是在自我感叹。在学校，闲暇时和同事们聊聊天、打打球，也是让人很快乐的事。

生活中的幸福，不是只停留在学校。每天早晨窗外鸟儿欢快而有韵律的歌声像闹钟一样喊我起床，这种"春眠不觉晓，处处闻啼鸟"的感觉可真美妙！上班路上所见尽是希望，驾车上班的、店铺开门的、路边卖菜的、送娃上学的、晨起锻炼的。这时候阳光也总是一起凑热闹，一路照耀，全程明媚。路边的小花也不甘示弱，在阳光和微风的铺垫下曼妙多姿、亭亭玉立。从家里到学校，欢歌笑语一路走过，哪天没有好心情呢？就像李乐薇先生在《我的空中楼阁》中写道："我出外，小屋是我快乐的起点；我归来，小屋是我幸福的终点。往返于幸福与快乐之间，哪儿还有不好走的路呢？"晚上回来，家人的关心照顾以及家的舒适安稳，总会给一天的工作画上圆满的句号。

幸福是一种感觉，一种心态，它不需要轰轰烈烈。生活是一条静静流淌的小河，幸福就在这样平静与简单的生活中，等着我们去发现。

淋雨的那几年

上班的第二年到四年，学校生活总是灰暗居多。我慢慢地发现，空有一腔热情是不行的，教学成绩才是教育命脉，受欢迎不过是附加条件。农村教学中教育的功利性太强，所有人只关注考试成绩，成绩的排名说明一切问题。我非常苦恼，一是因为我所带学生喜欢英语，但考试成绩不好，而考试成绩好的班的学生，却被英语折磨得很痛苦；二是因为我感觉自己的教师专业素养"超过"很多人，且有着先进的教学理念，却在现实教学中被碾压。公开课听了不少，优秀视频也看了不少，却依然没有什么进步，我非常郁闷无助。从小好强开朗的我，在学校变得沉默寡言。我不再像之前一样期待放假和开学，上班时心情也不愉快。

阳光终于出现了

终于在上班的第五年，我得到了一次优质课比赛的机会。在反复磨课的过程中，我悟到了一点上课的真谛，真正意义上懂得了应该怎样上课。我明白了英语听说课的几个板块，以及各板块之间的联系和区别，包括设计每个活动所要服务的宗旨，甚至课堂所说的每句话都与主题相照应，或是为某个活动的展开或拓展做铺垫，或是某个动作都是对课堂内容的阐释或升华，等等，感悟太多。

优质课比赛开了个好头，后面的教研活动我更积极地参加。在参加完众多的教研活动后，我对于英语课堂教学有了全面的认识，听说课、阅读课、语法课、写作课、复习课，各有特色。我们在学校要求下认真学习新课程标准，并以此为指挥棒指导教学。同年，毕业班的一轮又一轮复习，让我对初中英语考点体系有了更明确的认识。

理想的中考成绩，一次次优质课的成功，让我终于迎来了教书生涯的春天，受到了名师工作室主持人黄新建老师的高度认可，并接纳我至他麾下，从此有了更多向各位名师学习的机会。我深深意识到，想要上好英语课，不仅要关注教材，解读教材，还要走出教材，解读是最有指导意义的一步。

这个时候，我也意识到前几年自己工作的短板，也许这就是回过头来看时才有的清醒吧！随后，我迅速成长为校级骨干教师、县级骨干名师等。

疫情之下的磨砺

2019 年底，新冠肺炎疫情暴发，停课不停学，网课应运而生。我作为学校的骨干老师，率先上了多堂大课，并帮助其他同事一起学上网课，而网课也将作为一种历史产物永载史册。

原定的开学日期一步步逼近，而我们却仍然要居家隔离。为了响应教育部"停课不停学"的号召，网课成了这个特殊时期的产物。

作为年轻教师，我很荣幸获得了第一次年级网课试讲机会。为了上好新年的第一堂课，我参加了鸿合直播软件的培训，第一次近距离接触了直播。后来我试着录课，才发现录好一节课是多么不容易。首先需要好的设备，我的老电脑运行很慢，每次都要启动多次才能录课；其次，要有好的网络，我多次因为中途断网，全部白录，几近崩溃；还需要好的环境，万一录课时，儿子吵闹或者家人大声说话，都会降低课的质量；面授课若是出现口误，可以当即纠正，而录课，若是错了一处，就得重来。英语作为一门语言学科，课中需要创设很多情境来使用英语进行交流，可录课却是一个人唱独角戏。刚开始，我极其不习惯情感得不到回应，又担心中途断网，常常导致发挥不好、紧张、说错词，又重录……网课的前两天就在焦虑和抓狂中度过。

再后来，我刻苦钻研鸿合、钉钉和希沃等录课软件，发现还是钉钉最好用，它功能最强大，性能最稳定。后来的直播和录课，我就采用钉钉。钉钉不仅可以通过连麦和对话框与学生互动，还可以用家校本布置作业，进行作业打卡，发 Ding 消息，改作业时还可以点评、圈改和送花，这真是为老师量身定做的教学软件呀！网课的第三四天在摸索教学软件中度过。

到了第二周，我由紧张、抓狂和崩溃慢慢变得淡定，也慢慢形成了自己的风格。课前放点音乐舒缓气氛，课中依然保持幽默，下课前叮嘱学生让眼睛休息，极目远眺。可是，新的问题又来了！由于学生没有教材，或者自觉性和意识不够，课后落实成了大问题。发现问题后，备课组马上召开视频会议讨论解决方案，重新调整进度，及时轮番复习，这样一来，效果好多了！解决了授课和落实问题后，再加上备课组的人性化安排，后面的教学轻松顺利多了。网课的第二周，在发现问题和解决问题中度过。

此后的工作，主要在优化教学细节上下功夫。由于学生没有教材，我每次都会在课前将当天要学的内容提前以图片的形式发到班级群，方便学生预习。同时，我及时利用家校本布置一些简单但需要上传图片的作业来督促学生，有时是课堂笔记、有时是订正后的习题答案、有时是早读课文录音。在检查学生上传的录音作业时，我发现有人出现大量发音错误，甚至有人根本不提交，究其原因是没上早读，没有练习读课文。

为了监督和检查学生们的学习情况，我又开始进行早读直播，方便了解学生上课的参与情况。有时为了防止部分学生溜号，我经常直播时让学生在对话界面回复。对于那些观课情况不乐观的同学，我就及时与家长沟通。此举大大改善了一些懒惰学生的学习情况，同时也获得了家长朋友们的诸多好评。

每次直播下课和改家校本作业时，我总能收到许多来自孩子们的"何老师辛苦了！""何老师要注意休息！"等问候和关心，还有无数的鲜花和比心。生日和三八妇女节那天，我又意外收获了来自学生们稚嫩的英语祝福，这些都给了我无限的动力。面对如此懂事又爱我的孩子们，不把工作做好，我自己都不允许！

我经常鼓励孩子们提问，于是经常出现手机在线与学生讨论问题的场景。不仅如此，我还鼓励他们利用网络资源，自己去查找和发现。批改作业时，看到孩子们美观的书写，认真的双色笔订正，以及满是对钩的听写时，我倍感欣慰。有好几次，"优秀作业"达40多人次，很多同学交上来的作业堪比作品，我内心无比感动。我想，努力是可以传染的。能够帮助这样一群努力的人儿实现梦想，是件多么美好的事情，还有什么比这份辛苦更值得的吗？

转眼，网课已开展五周了，一切工作早已走上正轨。我不厌其烦地重复录课，只为更完美；不知疲倦地圈改作业，只为让学生更认真；想方设法地监督，只为落实更到位；细心寄语，只为期待进步；无数付出，只为不负韶华。网课不易，教师不易，学生更难，努力最值！

活到老，学到老

转眼已经从教9年有余，教书这条路越走越宽，得到社会和政府的认可也越来越多，我倍感欣慰，与学生也结下了深厚的情谊。我的第一届毕业生中有两个女生至今仍然记得在我生日时送上祝福，每个节日都不会忘记问候我。她们也与我分享了许多，如上大学了、恋爱了、工作了，我深深被她们感动着……每一届学生毕业之后，都会有很多学生带上鲜花来看望我，陪我聊聊过去和现在，还会憧憬未来，我乐意做他们的听众，看他们书生意气的样子，像极了当年的我。当然也有相处不那么愉快的学生，但是那些"捣蛋鬼"们总会在毕业时突然懂事，让人喜出望外。

路漫漫其修远兮，吾将上下而求索。作为行知实验班的第一届毕业生，我们受到了学院的很多照顾。尤其在行知实验班学习的那一年所培养的教师专业素养，对后面的教学中产生了非常大的作用。如果要对学弟学妹们寄语一下，我想说的是"珍惜"，珍惜行知实验班所提供的一切训练，那些都是非常有价值的。

耳畔又想起誓词："教书是我钟情的神圣事业，育人是我承载的终身担当……以人格引领人格，以智慧点燃智慧，为成为教坛明日之星而矢志奋斗！"我深知教书路上有苦又有乐，做智慧型老师，活到老，学到老，才能不断超越自我。还有一点，那就是，教书路上，甘于平凡，用自己的平凡去孕育学生的伟大！

作者简介　何莹，女，湖北黄冈人，湖北二师第一届行知实验班优秀毕业生。自2012年毕业后一直在黄梅县八角亭中学教英语，先后在多次优质课、观摩课和微课比赛中取得优异成绩，撰写的文章也多次获得省级特等和市级奖项，多次被评为"骨干教师""学科带头人""教学能手""师德标兵""模范教师"等。

中小学一线教师评论　用青春的力量追逐着教育的辉煌，用智慧的光芒打造学生的天堂。点滴的事用心做，平凡的事认真做！何莹老师用认真的工作态度影响着同行，用优良的品质激励着学生。从踏上讲台的那天起，她就在青春的芳草地里编织着一个美丽的梦，那就是做一个优秀的英语教师。一路走来，她辛勤耕耘，用爱心、耐心和智慧，把梦想一点点变成现实！有人说她是事业的宠儿，但她坚信，有付出就会有回报！（吕柳斌，黄梅县八角亭中学数学高级教师）

高校教师评论　习近平总书记指出，教师是立教之本、兴教之源。新时代，新手教师的专业发展非常重要。教师教育现代化视域下，教师专业发展的根本在于其现代性的不断增长。在何莹老师"师之初"的故事里，我们看到了一名新手教师在杏坛耕耘中逐渐生发出自主性、创新性、开放性、民主性、人道性、专业性、个性性，成功成长为一名骨干教师——其现代性增长源出于她对教育和学生的热爱。窥斑见豹，一叶知秋。透过这一典型的教育叙事，我们欣喜地发现：新时代中国基础教育师资队伍正朝着"高素质、专业化、创新型"方向蓬勃发展，我们有理由相信她们将成长为祖国下一代的"四个引路人"，堪当民族复兴"梦之队"的筑梦人！

（张炜，湖北第二师范学院教育科学学院副院长，教授，博士，湖北教师教育研究中心副主任）

不忘初心　静待花开

（武汉市光谷第二小学　许文燕）

每一个孩子都是一颗花的种子，每一颗种子都有自己特有的花期。有的很快就绽放花朵，有的默默生长。其实无论快慢，种子总会发芽、开花。作为陪伴孩子成长的我们，又何尝不是这样？教师专业成长之路，也是发芽、开花之路。阳光的滋润、雨水的灌溉、自己的努力生长，每一个步骤都是大自然的恩惠，每一步都是那么值得骄傲！

以梦为马，不负韶华

因为从小怀着"追师"梦，2009 年我考入湖北第二师范学院，选择了师范专业数学与应用数学。在同学眼里，数学枯燥无趣、味同嚼蜡，到了大学都想逃脱数学的魔爪，而我却偏偏选择数学专业。的确，大学的数学课是很难学的，它需要你利用很多课余时间去学习、去探索。但是当你看到五十多岁的冯光庭老师在没有空调的教室里，汗流浃背，却依然站在三尺讲台，精神矍铄、激情四射地给我们讲着《高等代数》时，你就会由衷地感谢老师，敬佩他们传道授业解惑的精神。在冯老师的课堂上，我们认识了宇宙之大、粒子之微、火箭之术、化工之巧、地球之变、生物之谜、日用之繁，无处不用数学。数学是冰冷的美丽、火热的思考。数经院这些循循善诱、态度和蔼、亲和耐心的老师们更坚定了我的"追师"梦，所以唯有学习，不断地学习，才会不负韶华；唯有努力，不断地努力，才会离梦想更近。

行知培训，扬帆起航

时光流逝，转眼我们大四了，许多同学开始迷茫，不知道是毕业找工作还是考研，而我对未来的发展方向异常清晰，因为我非常幸运地通过了行知实验班的面试。行知实验班，它是每一位"追师"者筑梦的平台，它是一个有凝聚力的班级。在这里，大家都朝着同一个方向去努力，互相成就；在这里，三人行，必有我师焉；在这里，我们在各种各样"引路人"的带领下扬帆起航。回想起在行知实验班的点点滴滴，依然清晰、历历在目。

📖 "魔鬼"训练，甘之如饴

行知实验班为了让我们具备"深厚的教育情怀、宽广的知识面、扎实的专业知识、熟练的教学技能、较好的研究能力"，给我们量身打造了六大模块课程，主要围绕"教师职业认知与态度、教学技能、班级管理、教师基本素质与能力、教育教学实习、考编辅导"开展教学。9月和10月是集训的日子，印象最深的就是早上的形体训练，好的形体会使人更有精神气，更自信大方，不至于看起来畏畏缩缩。作为一名教师，首先要呈现出一个良好的形象。早起练形体的过程虽然有些辛苦，但是能让我们克服睡懒觉的坏习惯，还矫正了我们的不良站姿。

对于教师来说，三字一画是一生都要修炼的技能；陶笛课让我们学会了一门简单的乐器；普通话、讲故事很好地锻炼了我们的口语表达能力和对课堂的把控能力；暖场活动、素质拓展让我们彼此更加了解、团结互助。谭细龙老师、傅华强老师、田恒平老师的一场场异彩纷呈的讲座，让我们受益匪浅，同时也深深地被他们身上对教育的热忱而感动。两个月的"魔鬼"训练紧凑而饱满，我们从早到晚都要学习，虽然大家学得比较辛苦，但甘之如饴，非常充实。因为我们深知只有勤奋练习，对自己高标准高要求，才能强化专业技能，才能从中得到提升。在行知实验班的学习生活中每位老师对我们总是有问必答。在生活中，严国涛老师、吉静老师、简红莲老师、张和平老师经常对我们嘘寒问暖，让我们感受到行知班这个大家庭的温暖。

📖 实习历练，"干货"满满

接下来的两个月实习是一个很重要的经历，它让我更加真实地了解了教师这个行业，清楚教师一天的工作流程，了解真实的课堂，观察如何与学生相处等。我非常幸运地被分到了武汉小学实习，我的指导老师是低段数学教学经验最丰富的袁翠萍老师。记得刚到袁老师的办公室，她就和蔼可亲地问我住宿安排好了没有，离学校远不远，顿时让我倍感亲切。

第一次上课，袁老师让我设计了一堂《9的乘法口诀的练习课》。一节课我都在讲题做题，孩子们开始还配合着回答了几个问题，后来干脆都是闹哄哄，没有积极性了。我站在讲台上都快急哭了，最后剩下的课是袁老师讲完的。

回到办公室，我哭着对袁老师说："我是不是不适合当老师啊？"袁老师笑着说："傻丫头，哪有第一次上讲台就把课上得完美的呀，我来帮你评一评这节课。首先练习课不同于新课，要结合低段孩子好奇、好动、好玩的特点，设计开火车、闯关游戏等有趣的活动来调动他们的积极性，因为是练习课，还要补充一些举一反三、拓展思维、具有挑战性的题来激发孩子们的求知欲望。另外，课堂管理，艺术性教学语言，孩子自主合作、探究等学习方法的培养，都需要好好学习。"有了袁老师的耐心指点，我立即付诸行动，让自己一步步走细致、走踏实。

一是学理论，学教法。我把《小学数学课程标准》拿出来，仔细研读、思考，理解新课标的基本理念，为我的教学指明方向。二是学教材，备详案。我利用详案组织语言，把想说的一字一句写下来，揣摩着怎样才能让孩子们听得更认真，听得更入心；让孩子们的思维紧跟着我，让孩子们的心智能在我的启发下豁然开启。一有拿捏不定的，就立刻请教袁老师：这节课的设计教学重难点我是否把握住了？这个难点这样突破可以吗？这个问题能不能这样问，孩子能听得明白吗？这个活动设计孩子们有兴趣吗？这样评价孩子的回答可以吗？每次袁老师给我机会上课，我都是认真准备，对每节课的教案、课件一改再改，直到袁老师满意为止。三是多听课，强自己。很多时候，我听完袁老师的课后，还会征求办公室其他老师的同意，拎着小板凳去他们班再听这节课，观察其他老师怎么处理这节课、怎样调控班级的。

短短两个月的实习结束后，我深知作为一名人民教师要智慧与勤恳。台上十分钟，台下十年功，路漫漫其修远兮，吾将上下而求索，在未来的教育事业中我还要更加努力地学习。

📖 复习备考，过关斩将

大四下学期我们开始复习考编，因为时间紧迫，我们必须高效复习。同学们一起在行知班里复习笔试，每天三点一线，食堂、行知班、寝室，早出晚归，生活充实且规律。通过了东湖高新区的笔试之后，我就开始和行知班的组员抱团复习面试，大家每天在微格教室里轮着讲、轮着听、轮着评。行知班的老师一有空就来指导我们哪些地方需要注意，还时不时疏导大家紧张焦虑的情绪，为我们打气加油，在这个过程中，大家都得到了很大的进步。

唯美二小，幸福成长

2013 年 9 月，我怀着激动的心情加入了武汉市光谷第二小学，因为有行知班的训练以及实习的经历，所以对课堂并不陌生，也不惧怕。

📖 初见——渐入佳境

以案为纲，随机应变。教案是个好东西！如果把一节课四十分钟比作一场电影，那么教案就是这场电影的剧本。老师前辈们也告诉我上好一节课要先设计好教案。为了不至于很快讲完课，我使劲想怎么才能把这四十分钟填满，在这个过程中教案就立了大功。新进五年的教师的教案都是手写版的，下班后回到宿舍备课、写教案就成了我的必修课。虽然现在可以用电子版教案了，但是我依然有手写教案的习惯，我会在脑海中演练剧本，并在上面做批注。

手中有案，眼中有生。刚工作的时候教案立下了汗马功劳，但新的问题又来了：面对两个班不同的学生，相同的课堂形式和内容，甚至教师的引导语似乎太呆板生硬、缺少灵性。和办公室的前辈们聊天后我发现，原来问题出在过于"膜拜"教案，而忘记了眼前的学生。意识到这点后，我开始有意识地关注学生不同的课堂反应，并思考面对不同的课堂生成及时地调整课堂的节奏。

反思感悟，积累经验。美国教育心理学家波斯纳说，"没有反思的经验是狭隘的经验，至多只能是肤浅的知识。"因此，他提出了教师成长的公式：成长 = 经验 + 反思。一个不懂得反思自己成败的教师得不到真正意义上的发展，反思与成长是相辅相成的，反思越多成长越快。所以作为日常的教学，我常常用这样的几个问题去反思自己的教学：这节课，我投入激情了吗？对教材的解读，有更恰当的角度吗？这节课的教学目标合理可测吗？这节课中最难忘的一个细节是什么？这节课最大的遗憾是什么？如果重新来教这节课，哪个地方最值得改进？反思的深度，决定着教学所能达到的高度。我相信只有通过每一次教学课后的反思，认真总结，检查成败得失，做好课后评析，才能探索出更好的教学方法，在今后的教学中才能取得更大的进步。

书山有路，学海无涯。作为教师，我深刻地感受到自己需要先进的教学理论的引领、需要更多的相关学科知识的支撑、需要更新现代化教学技术，与时俱进是时代对每一个现代人提出的要求，更是新时期教育对每个教师的要求。我时时有提升的欲望、时时有"充电"的渴望。所以，在课余时间，我经常读书以便获得丰富知识。听课也是提高自身教学能力的一个好方法，尤其是像我们这样的年轻老师，只有多听课才能够积累经验。所以我十分珍惜每一次听课的机会，一有空，我就主动去听其他教师上课，还从网上下载名师的课堂实录，一学期至少听 25 节课，听课后通过细致的观察和深入的思考，将学到的经验转化成自己的方法，运用到平时的教学工作中去，提高课堂质量。同时，我还接受了很多培训，也许是由于自己对工作的热爱，也许是我的运气好，遇上了很多好领导，几乎每次外出学习我都能参加，我很珍惜这些学习机会，每次学习回来后都要认真总结、琢磨，然后大胆地改革自己的课堂教学。同时，我还虚心地向同事们学习教学方法、管理经验，这样不断地努力，促使我的业务水平有了很大的提高。

专业引领，同伴互助。学校开展老师之间的师徒结对活动，由有经验、教学能力强的教师和年轻教师结对子。这个方法确实很好，这些师父们将自己多年来的教学、管理经验，毫无保留地教给了我们，使我们少走了弯路，更快地成长。而我也将掌握的现代化教学技术及一些教学的新想法、新思路与师父交流，真正达到互相促进，共同提高的目的。

身在光谷二小，二小人严谨治学、诚恳务实、一丝不苟的工作作风使我钦佩，二小人兢兢业业、勤勤恳恳、踏踏实实的工作态度令我敬仰，二小人出类拔萃、出众卓越、卓尔不群的才能智慧让我折服，二小人谦虚谨慎、虚怀若谷、功成不居的为人品行促我学习，二小人的品格感染着我、激励着我、引领着我，使我快速进步。

磨炼——从量变到质变

二小有一个传统，每学期学科组要进行一次"真美杯"教学大赛，组内每位老师都会根据学校的课题研究方向选择一节课，教研组集体听课并进行研讨评课。每一次研究课准备的过程中大家都自发主动地参与，组内的研究氛围特别浓厚。正是在这样的学习气氛中大家共同进步、成长，从稚嫩走向成熟。

2014 年，通过组内层层选拔，我代表数学组参加学校的"真美杯"教学大赛。当时，我经历尚浅，我的师父李燕丽老师陪我一次次地试讲、备课、修改。这节课是一节空间与几何的课《圆柱的认识》，圆柱是一种比较常见的立体图形，在实际生活中，圆柱形的物体很多，学生对圆柱都有初步的感性认识。所以在教《圆柱的认识》时，我注重与学生的实际生活相结合，为发展学生的空间观念并解决实际问题，让各个环节都自然高效，我动了一番脑筋。就这样，在不断地思考、设计、修改完善中，我的课受到了区教研员、学校领导、老师的一致好评，并获得了"真美杯"教学大赛一等奖。2019 年，我再次参加了学校组织的"真美杯"教学大赛，以小组第一名的成绩，迎接学校的送教活动。

📖 沉淀——成长脚步永不停

认真对待每一个四十分钟，认真对待每一个班级群体。生活就是一个七日接着另一个七日，课堂就是一个四十分钟接着另一个四十分钟。对于学生而言，每一个四十分钟都是学习提高的时间；对于教师来说，每一个四十分钟也是不断思考、反思、沉淀并继续成长的舞台。数学老师一般会带两个不同的班级，但面对不同的学生群体讲授同样的教学内容，绝对不能简单地复制和粘贴。不同学生的知识基础和接受能力各不相同，所以每节课的教学设计我都会根据所带班级孩子的特点，精心设计，力求做到课堂的高效。每次讲完课，面对不同层次的学生，我会设计三类课外作业：一是全班都要做的，即当天新授的内容是必须巩固的知识。二是思考题，每日一题，给班上思维能力强的学生做，带有一定的趣味性。三是根据实际情况针对班上部分成绩落后的学生出的基础题，多数是计算类的或用以巩固近段时间内他们掌握不太好的知识点的问题等。因为每类题目的量都不大，学生是选择性地做，所以并没有加重学生的作业负担。

宽容理解学生，做一位亦师亦友的老师。刚入职时，遇到调皮的学生，总觉得头痛，学生不完成作业或者上课说话、不听讲，就会觉得他们"太过分"。感谢我的女儿，她一天天的成长让我得以细心观察并体会小生命的存在、诞生和成长是多么不容易，是多么令人赞叹。我也慢慢理解孩子们有时的"捣蛋"可能就是天性使然，某次没有完成作业，说忘了，可能真的是他忘记了。当然面对有些有"城府"的孩子们找的借口，我也不再大发雷霆，而是适时揭穿他，给他改过的机会，并一笑而过。当我从一个母亲的角度再看这些孩子时，自己的心态更加平和，对孩子们也多了一份宽容理解，我突然觉得他们都是一个个或可爱或调皮的天使。有时我会在课堂上和孩子们即兴开个小玩笑，逗孩子们乐，活跃一下课堂气氛。有时也会偷偷了解孩子们最近关注的新动态，了解他们的喜好。孩子们和老师的距离拉近了，学习起来自然就容易多了。

善"变"，让孩子们时常能体会到数学课堂的新鲜。看过武侠小说的人都有这样的经验，武侠小说之所以有那么大的吸引力，一个重要的原因就在于故事情节生动有趣、跌宕起伏，从而能够紧紧地抓住读者的心，使读者有一种没有看完誓不罢休的感觉。同样，为了紧紧地抓住学生的心，让每节课取得更好的教学效果，我会在数学课堂上插入音乐、游戏、故事，以及最新鲜的事儿，采用翻转课堂教学模式，让师生角色互换，让他们对学习常保持新鲜感和兴趣。这样不但使数学学习不再枯燥无味，还激起了学生探究的欲望，增加了学生学习的兴趣，使学习变成既能解决实际问题，又乐在其中的有趣活动。学生们喜欢上数学课了，成绩自然提高了，所以每学期我所带的班级都是教学质量优胜班级。

面对工作中的压力和挑战，我总是把它化作自己成长的动力，以一种积极从容的心情去面对去解决。这种朴素的爱岗敬业的理念，一直伴随着我。虽然取得了一些进步，但我知道自己身上还有许多需要改进的地方，不过我相信，只要自己有不甘落后的进取心，本着"踏踏实实工作，老老实实做人"的态度，充满激情地奋斗、开拓、进取，我相信我的人生会因为这份事业而美丽！

不忘初心、静待花开！我坚持自己的教育梦想，执着地把对教育的信念如潺潺流水般滋润教学的土壤，期待着那一株株含苞待放花蕾的绽放！对学生、对自己、对教育……

作者简介　许文燕，女，湖北武汉人，武汉市光谷第二小学数学教师，2019年荣获东湖高新区"百优教师""优秀少先队辅导员"等荣誉称号。入职以来在区、市、省级发表多篇论文并获奖。论文《捕捉生成亮点，演绎课堂精彩》发表于《湖北教育》，论文《学得有效离不开教师的价值引领》发表于《光谷教育新视界》。

中小学一线教师评论　时代的发展和教育改革的推进对教师的发展提出了新的要求。教师专业化发展是世界教师教育发展的一种潮流，是一种国际趋势，也是我国教育改革的迫切任务。作为一名新时代的小学数学教师，要适应时代发展的要求，促进自己向专业化发展方向迈进。加强学习，丰富专业知识是教师专业化发展前提。21世纪是信息化社会、知识经济时代，终身学习对教师的生存和发展极为重要，教师的发展也应该是终生的、持续性的。教师要不断地自我充电，不断地捕捉新的科学教育信息，补充新的知识，发展多种能力并且不断提高职业素养，使自己在常识、智能、品德等方面保持教育者特有的优势，巩固教师职业的专业地位，丰富自己的专业知识，保持源源不断的"长流水"，使之取之不尽，用之不竭，以便对课堂中出现的各种情况都能处理得得心应手，也更好地促进自己的专业化发展。注重反思，加强合作交流，是提高专业技能的有效途径，现代教育是一种具有科学性、民主性、发展性的教育，其所要传授的知识、技能空前扩展，对人才培育的质量和效益要求越来越高。这就需要教师用系统的现代教育科学来支撑，用娴熟的专业知识与技能来驾驭。而教师专业发展的"源头活水"来自教师自身的教学实践、来自教师实践中的不断反思。所以作为一名新世纪的小学数学教师，我们只有在以问题为中心的实践反思和教学探究中、在改革教学和改变自己的互动中，才能实现自身专业的可持续发展。（郑丽，武汉市光谷第二小学高级教师）

高校教师评论 不忘初心，静待花开。这句话既诠释了教师职业发展和专业成长的源动力——坚守梦想、目标的初心，又道出了教师职业发展和专业成长的艰辛——经历修炼、积累、养成、生发的过程。

一名教师，从青涩走向成熟、走向优秀、直至卓越，既有"教师梦"和人生目标产生的源动力，使自己具有自我发展意识，从而不断追求更高的教育教学境界、不断追求更高的发展目标；又有榜样和环境的引领和赋能，使自己有方向、有激情、有方法、有策略；还有明确的发展路径，立足自我、改造自我、完善自我，坚持学习、坚持反思、坚持积累、坚持探索；更有对教育、对专业、对学生的爱——因为爱会产生一种激情、一种力量、一种智慧，使我们能够在教学中潜心钻研、精益求精，使我们能够时刻为学生着想、发自内心地关心和爱护自己的学生，更使我们能够时刻想到学生的未来、为学生的发展做出努力，进而使我们自己在职业发展和专业成长的路上能够走得更实、走得更好、走得更远。（冯光庭，湖北第二师范学院数学与经济学院教授，湖北省特级教师，硕士生导师）

为学生插上爱和力量的翅膀

（中国地质大学（武汉）附属学校　石小芬）

教育种子，生根发芽

📖 童年经历

我出生在一个普通的农村家庭。我们家附近有一位教师——石老师，每当她来我们家串门时，我总能感觉到邻居们对她的敬意。我向她请教问题时，她总能一语中的。这让我认为教师是知识的象征、是智慧的化身。乡人们营造的尊师重道的氛围以及石老师在我心中的形象为我埋下了一颗从事教育事业的种子。

另外，我有一位关系特别好的发小，她父亲高中毕业，知识渊博又不失幽默，就像一位资深顾问。每次我们在学业上遇到难题时，总能在他的启发下找到方向。当然，农闲时他也会时不时给我们讲一些有趣的故事。这一切让我在精神上感觉非常富足，从而不知不觉生发出一种认知——有知识，真好！记得有一次，她父亲耐心地为我们讲解完一道数学题后，说了一句话："以后你们会发现，你知道的越多，你就会觉得自己不知道的更多。"听起来很拗口，当时上三年级的我似懂非懂，直到今天我才体会到这句话的深刻内涵。

📖 选择教育

2010年高考填报志愿时，我毫不犹豫地选择了湖北第二师范学院教育科学学院教育学专业。2011年秋季的某一天，在身边朋友的介绍下，我开始利用周末时间当家教。一开始我特别紧张，担心学生家长不信任我，担心学生不喜欢我，担心教学效果不佳被辞退。于是我在网上搜集信息，尝试了解这个阶段学生的心理特点，寻找各种与小学生沟通的方法，把授课的内容在脑袋里像放电影一样过了一遍又一遍，生怕遗漏任何一个知识点。由于受襄阳方言影响较重，我前鼻音和后鼻音分不清，平舌音和翘舌音也分不清。两节课后，我被一个二年级的小男生嘲笑普通话不标准，一种深深的挫败感涌上心头。后来，我下定决心一定要把普通话练好。连续三个月，从周一到周五，我每天早上在宿舍楼后的"情（勤）人坡"上苦练普通话，把所有带有前鼻音和后鼻音、平舌音和翘舌音的字逐个攻破，终于如愿获得了普通话测试二级甲等的证书。拿到证书的那一刻，我喜极而泣！

📖 导师助理

2012 年 9 月，我如愿当上了导师刘永存老师的助理，协助刘老师安排楚天中小学班主任研修班的日常事务并及时在班主任之友教育论坛上回帖。在这段时间里，我有幸结识了众多优秀的班主任并阅读了他们撰写的教育叙事。他们忙碌着、挣扎着、成长着、幸福着…… 我用心回复每一篇教育叙事，同时鼓励班主任们坚持写。这为我后来成为一名班主任奠定了一定的基础。

📖 行知实验班

2013 年，我如愿加入了湖北二师行知实验班，有幸成为第三届行知实验班的学员。在这里，我真正意义上打开了教育这扇大门。这里有专家老师的引领，有班主任万爱莲老师的关怀和激励，有同学们的督促和互助，还有来自教育一线的学长学姐的经验分享。每天早上的形体训练成为行知实验班教室走廊外一道靓丽的风景线。微格教学让我们能够在课后清晰地看到自己当时上课的样子，有针对性地提升自己的教学水平。经过紧锣密鼓的训练，同学们对相应学科的课程标准烂熟于心，个个身怀绝技——现场教学、说课评课、案例分析、即兴演讲、才艺展示，统统不在话下。这一切都让我们更有底气应对未来的挑战。

📖 名校实习

2013 年 11 月至 2014 年 1 月，我和另外两个小伙伴在武汉小学百瑞景校区跟着杨雅勤老师实习。在这里，我切身体会到了一线教师的不易。早读、上课、课间操、批改作业、个别辅导、处理学生纠纷、与家长沟通、组织各项活动……让我应接不暇！语文课上，杨老师那亲切的语气、精练的语言、引导性的点评给我留下了深刻的印象。

在这里，我面向 45 名学生执教了人生中第一堂正式的语文课——《刷子李》。我分析文本，查阅资料，精心备课，满怀期待地走进课堂，但是课堂气氛却十分沉闷，课堂生成这一块完全没有达到我预期的效果，我顿时感觉十分懊丧。后来杨老师在指导我时重点强调："老师不仅仅要备教材，还要备学生，心中要有学生，要根据课堂情况灵活调整。"直到现在，杨老师那句"心中要有学生"一直在我耳畔回响。

初入职场，奋力前行

📖 抓牢课堂主阵地

2014 年，我刚走上讲台，急于融入集体，特别在意周围人的看法。怕领导不赏识我、怕同事不接纳我、怕家长不认可我，更怕学生不喜欢我。这直接导致我整天特别焦虑，做事不敢放开，战战兢兢，如履薄冰。经过近三个月的历练，我逐渐认识到教学是学校工作的重中之重，有了教学成绩才能得到领导、同事、家长和学生的认可。同时，教学成绩也是个人工作考核和评优评先的重要依据。接下来的时间，我把工作重心回归到教学本身上来，希望能够秉承教育初心，做好教书育人的工作。于是，我静下心来认真研读《小学语文课程标准》，对小学各个阶段学生需要达到的水平以及每个单元的教学重难点有了一个整体的认识，做到心中有数。

📖 站在巨人的肩上

为了让自己能够快速成长，我阅读了一些与语文教学相关的书籍，如李华平、刘敏编著的《语文课就该这样教》，王崧舟老师的《崧舟细讲文本——小学语文教材文本解读与教学设计》，管建刚老师的作文教学系列书籍《我的作文教学革命》《我的作文教学主张》《我的作文训练系统》等。除此以外，我还观摩了大量名师上课的视频和省、市、区优秀教师执教的公开课、研讨课以及本校教师执教的公开课、常规课等。同时，我积极报名参加校内外各项教学比赛，在实践中积累经验、在实践中不断反思、在实践中不断成长，就像美国心理学家波斯纳提出的教师专业化成长公式"经验＋反思＝成长"一样实施。

家校共育，助力成长

📖 关爱学生，指导学生

2016 年，我开始担任班主任工作，这让我有机会走近学生，更深入地了解学生。经过一段时间的了解，学生的可爱与顽皮，我一览无余。作为班主任，我发现学生的偏差行为层出不穷，那真叫"按下葫芦浮起瓢"。一时间，我感觉特别苦恼，焦虑不安，找不到出路。恰逢此时，负责德育的罗红兵校长在班主任会议上分享的一句话深深地启发了我。罗校长提道："班主任背后有两支队伍，学生队伍（显性）和家长队伍（隐性）。"如果说罗校长为我打开了家庭教育的一扇门，那么我的人生导师——本尚书院的杨柳老师则带我领略了家庭教育的新世界。于是我开始思考：为什么学生会有这么多的偏差行为？到底该怎么从根儿上解决这些问题？

接下来，我把工作重心转移到关注学生上来，关注学生的内心世界、关注学生的精神成长、关注学生的家庭环境，努力与家长达成共识，寻求家长的支持和配合。

首先，我在第一次家长会上提出我的教育理念以及教育教学方法，并邀请家长写下自己的教育理念、孩子的优缺点以及对孩子的期待。这让我能够在最短的时间内了解学生，了解学生家长的关注点。开学第一天，我请每个学生做三分钟以内的自我介绍，我在笔记本上记下每个孩子的生日和爱好，以便在他（她）生日时送上特别的小贺卡，从细节方面让他们感受到自己是被老师关注的、是被老师重视的，从而提升他们的价值感和归属感。

在班主任的常规工作中，我注重打造以爱为核心的班级文化氛围。我对学生强调班级是我们的大家庭，每个同学都是家庭的重要成员，大家要团结友爱，互帮互助，共同建设和谐温暖的大家庭。与此同时，我会及时在班上大力表扬主动关心和帮助同学的学生，营造向善的班级文化氛围。早读时，我会观察每个孩子的情绪状态，对于愁眉苦脸的学生我会私下关心他，问问他是不是身体不舒服、是不是有不开心的事情，需不需要我的帮助。同时，我也会为学生提供"私人定制"般的指导。

有一个男孩，他思路清晰，语言表达能力非常强。课上，只要被老师点名回答问题，他就滔滔不绝，眉飞色舞。可是，一到写字环节他就唉声叹气，一张"苦瓜脸"

就出现了。因为写字问题，他的学习劲头大减。后来，我了解到他上小学之前基本上都是家里人喂饭，很少自己动手吃饭，以至于手部能力非常弱，写起字来很吃力。所以，刚开学的前两个月，每次的当堂练习他根本没办法按时完成，我只能在放学后为他单独"开小灶"，耐心地陪他补完。为了锻炼他的手部能力，我买了硅胶握力圈送给他，教他练习的方法并且与他约定每天早中晚各练习三分钟，增强手部能力，并请家长提醒和督促他。经过近三个月的练习，这个孩子的手部能力得到了明显增强，之后每次的课堂作业他都能当堂完成，这件事极大地增强了他的自信心。后来，他还主动报名参加了学校开设的硬笔书法兴趣班，并且一脸开心地对他妈妈说："其实，写字挺有意思的！"

还有一个男孩，他在课堂上很少听讲，专注力非常差。后来，我把孩子在学校的情况跟家长反馈并且真诚地邀请她把孩子的详细情况告诉我。原来孩子妈妈怀孕时，为了保胎，在床上躺了八个多月，不敢随意活动。孩子出生后感统严重失调，运动不协调，专注力非常差。所以，我面向全体学生授课时，他完全不知道听。每次"开火车"读词语轮到他时，他都是一脸茫然。后来，我专门去学习了提升专注力的方法，把感统训练、舒尔特方格训练以及精油香薰等方法告诉他的家长并请家长配合。除此以外，我还利用业余时间耐心地对他进行一对一辅导。经过整整一个学期，这个孩子有了惊人的变化，上课认真听讲、积极举手发言，我和孩子家长都欣喜不已！

教育需要爱心，也需要科学的方法和专业的指导。爱学生，就要洞察学生的需要，努力提升自己，尽自己最大的力量为学生赋能。

📖 大师引路，畅通无阻

在班级管理方面，我拜读了简·尼尔森的《正面管教》、马歇尔·卢森堡的《非暴力沟通》、安德斯·艾利克森的《刻意练习》、钟杰老师的《这样做班主任才高效》、胡明瑜老师的《掌控情绪》等。我对学生采用正面管教，及时表扬做得好的学生，对于做得不好的学生采取非暴力沟通（陈述事实、分析影响、表达感受、提出期望）。一开始用非暴力沟通方式与学生沟通时，我感觉很刻意和生疏，后来经过刻意练习，逐渐养成了非暴力沟通的习惯，我的家人和朋友也因此受益。

在和学生沟通的过程中我发现，他们经常会因为父母的情绪状态而影响自己的学业情绪。有的学生说妈妈唠叨、有的学生说爸爸脾气暴躁，学生家长和同事都说我脾气好，很少看见我对学生发火。其实我想说：因为懂得，所以慈悲！学生一切不可爱的行为背后都在呼唤爱，唯有他感受到爱，他才有可能改变。

这里，我选三个有代表性的案例来进行分享。

案例1 撒谎

一天下午放学后，一个各科成绩都名列前茅的孩子的父亲急匆匆地来到我的办公室跟我反映："石老师，我发现最近孩子很爱撒谎。完了，肯定是他的品行出问题了，怎么办啊？"我先是对他的担忧表示理解，等他情绪稍微稳定下来以后，我请他把事情的原委讲给我听，并和他探讨孩子撒谎的类型。

（1）幻想型：孩子有很多的奇思妙想，想象力天马行空。

（2）攀比型：孩子在家长那里得不到认可，所以他特别渴望得到同伴和老师的认可。

（3）逃避型：孩子做了错事，害怕被打骂，害怕承担责任。

最后，这位父亲清晰地说出自己孩子的撒谎有时候属于攀比型（跟同学吹嘘家里有某种坦克，实际上并没有）、有时候属于逃避型（打碎了水杯，非说不是自己弄的）。在麦克·罗奇格西《业力管理》法则二中，有这样一句话让我印象深刻——"找到原因背后的原因。"那孩子为什么会撒谎呢？我和孩子爸爸聊到了他对孩子的教养方式。这是一位严厉型的爸爸，从小到大，他父亲对自己的要求很高，后来通过自己的努力在某个领域成就颇高，但是他自己感觉活得很累。他无限崇拜自己的父亲，所以对自己孩子的要求也很高，绝对的完美主义，不允许孩子犯错。我帮他疏导：大人有时都会犯错，更何况是个孩子呢？很多时候，孩子不就是在犯错中成长起来的吗？其实犯错也是一个学习的过程，孩子越小，犯错的成本越低。最后，这位父亲自己总结，不能随意给孩子贴标签，一定要就事论事，不要把行为和品行画等号。所以，孩子有什么问题，家长一定要先反观自己，学会"照镜子"，帮助孩子成长的第一步是家长的自我觉察。在这个过程中，孩子也帮助家长完善了自己。

案例2 作业拖拉

曾经听过这样一句调侃的话："不提作业母慈子孝，一提作业鸡飞狗跳"。不少学生家长跟我吐槽，孩子做作业耗费太长时间，担心孩子睡得太晚，影响身心健康和第二天的学习状态。问题相同，背后的原因却大相径庭。

（1）家长管得太多，孩子缺乏自主性，总认为作业是给父母做的。做作业的时间（是吃晚饭前做作业，还是吃晚饭后做作业）父母要管，先后顺序（是先做语文，还是先做数学）父母要管。作为父母，要"有所为，有所不为"。为孩子创造有限的选择，解释任务的目的，培养孩子的主人翁意识才是我们应该做的。

（2）知识掌握得不扎实，孩子缺乏胜任感。不得不承认，每个孩子对于知识的接受能力是不同的，同一个孩子每天的身心状态也不可能完全相同。有时候孩子对知识的掌握不够扎实，回家后做作业会耗费很长时间。这种情况下，如果家长一味责备孩子上课没有认真听讲，会导致孩子对作业更加缺乏胜任感。作为父母，我们应该看到孩子，看见孩子的需要，或许微笑着轻轻地问孩子：你需要爸爸（妈妈）帮你什么吗？ 如果有需要随时可以找我……就可以给孩子足够的爱和力量！

（3）家长太焦虑，亲子关系紧张。常言道："亲其师，信其道"。 同样的道理，亲子关系大于亲子教育。家长总觉得做得越多越好，不能让孩子输在起跑线上。很多时候，家长见孩子作业完成得快，在没有和孩子商量的情况下，马上给孩子布置额外的作业，生怕孩子闲着。孩子还小，没有力量通过其他方式反抗，所以只能在作业上"下功夫"——拖拉。

案例3　攻击性强

班主任老师们经常会因为学生打架而烦恼，学生打架深层的原因是什么呢？

（1）不少家长持有这样的教育观念——"不打不成才"，这坑害了不少孩子。在我看来，打孩子其实是家长无能的表现，他（她）没有办法排解自己的负面情绪，所以为自己发泄情绪找到了一个"合理"的借口。还有就是"别人打你，你就打回去"，家长没有提前引导孩子预防被打，也没有教育孩子怎样正确有效地面对被打的情况。

（2）家长遇到事情武力解决，孩子自然而然习得了这一行为。

（3）孩子天生精力旺盛，但是家长安排的户外活动或游戏太少。

（4）孩子情绪容易激动，但不善语言表达，于是靠肢体语言来帮助表达。

由此看来，家长的认知和情绪管理能力会直接影响孩子的心理健康。为此，我专门开设了一节家长学校课堂《不吼不叫，泰然处之——管理好教育孩子时的情绪》，引导家长正确处理自己的情绪，对有负面情绪的孩子做正向引导。课后，有不少家长私信我说："参加完这次情绪管理沙龙活动后感觉醍醐灌顶，谢谢石老师！"很多时候，我们身陷"踢猫效应"而不自知，在不经意间对孩子造成了伤害。

终身学习，成就彼此

总之，从教七年多以来，我一直秉承教育初心，践行母校"学高、身正、诚毅、笃行"的校训，用情用智对待每一位学生，给学生足够的心理营养和"私人定制"般的指导。因为我相信一个内心被滋养过的孩子一定会是一个向上向善的孩子，得到过"私人定制"般指导的孩子一定会是一个有力量的孩子。爱与力量，如同孩子的双翼，定能让他飞得更高，飞得更远，实现人生价值，拥有幸福人生！

与此同时，我利用业余时间不断给自己"充电"，不仅努力提升教育教学能力，还深耕家庭教育，并获得了家庭教育指导师（高级）认证。未来，我将继续努力做家长家庭教育的指导师，做学生成长路上的引路人。我坚信：选择了教育，就是选择了无悔的人生！

作者简介 石小芬，女，湖北襄阳人，二级教师，家庭教育指导师（高级），曾获洪山区班主任基本功比赛二等奖，区"进取杯"优质课比赛二等奖，区小学语文作业设计比赛二等奖，区家长学校优质课展示活动三等奖，校"真美"班主任，所带中队曾获洪山区优秀中队称号。

中小学一线教师评论 石小芬老师的成长经历再次验证了一句话：一个老师的成长往往是内外力共同推动的结果。一个老师在成长中经历得越多，就能遇见更多的风景！脚下的路，似乎就没有那么崎岖了，更多的风景会迎面而来。鸡蛋从外打破是食物，从内打破是生命，人生亦如此。从外打破是压力，从内打破则是成长。小芬老师的成长经历让我们看到了她是怎样成长为一个温暖平实、清澈善良的老师的，我想这就是我理想中老师的模样。（罗红兵，中国地质大学（武汉）附属学校副校长，中学高级教师）

高校教师评论 石小芬肯定不知道，作为她曾经的老师，在她成为母亲后，我成了她的忠实粉丝。她的儿子和我的小女儿年龄相近，我一直关注她如何在朋友圈里晒娃。一代人有一代人的关注点、一代人有一代人的创新，我特别想研究现代的年轻人是如何"盘娃"的。于是，她在朋友圈里发的与儿子互动的游戏、给孩子买的书、如何对待儿子的调皮和犯错便成了我思考新时代如何育儿的"范例"。

通过她给儿子买的玩具，我知道她与众不同的育人理念；通过她与儿子玩的游戏，我知道她如何将教育贯穿在游戏中；通过她创设情境让丈夫与儿子，甚至让奶奶与儿子互动，我知道她懂得人际互动对孩子的意义和影响。一个对教育有着深度理解的人，你不用担心她在讲台上的表现，你也不用担心她面对孩子没有办法。事实上，在大学里，我们还一起读过《把信送给加西亚》，书的核心是做一个积极主动克服困难、达成目标的人。不知她是否还记得，不过记不记得都不要紧了，因为她正在三尺讲台、一方教室里努力着；遇事不懂查资料、问前辈、琢磨，这是一位教师走向卓越必须付出的努力。（刘永存，湖北第二师范学院教师教育学院院长，教授，博士）

一路前行　感悟成长

（武汉市光谷实验小学　吴欢燕）

还记得，小时候在姥姥背上，听到最多的一句话便是——"我们家欢燕以后要当老师的！"，四邻八舍也跟着打趣似地从小就称呼我为"欢燕老师"。从那时起，"老师"就像一颗飘来的种子，扎根在我的心底。

追梦路上，不负韶华

高考填报志愿的时候，我义无反顾地选择了湖北第二师范学院的英语师范专业，我的追梦路从这里开始，期待着有朝一日能踏上三尺讲台，成为一名人民教师。

不断摸索，稳步前进

2010 至 2014 年，在母校湖北第二师范学院，我度过了快乐充实的大学时光。因为心中有目标、眼里有方向，在许多人迷惘之际，我没有太多的迷茫和彷徨，一心想成为一名人民教师的我，脚踏实地朝着梦想一步步靠近。学校设置了丰富、专业、灵活、开放的课程，全方位帮助我们掌握教育专业必备的专业理论知识和教育教学技能。除了认真学习校内课程之外，我还考取了上海外语口译证书以及三级国家心理咨询师证书，希望能对专业能力发展和求职有所帮助。所谓"学而不用，实无学；知而不行，实不知"。每到暑假，我就迫不及待要耍我学的那"三脚猫功夫"，过过"小老师"的瘾。大二暑假，我和同学在农村老家开办了补习班，共招收了 20 个小学初中的学生，从招生宣传、教室布置到课程安排、个性化辅导，我都亲力亲为，家人和家长们试课时看我上课的样子，都说神采飞扬、有模有样的；大三暑假，想要更近距离了解教师行业的我，通过面试进了一所专业教育培训机构，当了 45 天的培训机构英语老师，尽管吃了很多苦头，但这些经历也丰富了我的大学生活，锻炼了我的实践能力。

📖 行知造梦，打牢基础

梦想照进现实，大四这一年，我非常幸运地通过面试进入了学校的行知实验班。行知实验班旨在培养"乐教、适教、善教"的基础教育优秀教师，通过强化教师职业认知、教育教学能力和实习实践环节，为学生成为卓越教师奠定扎实基础。在行知班的这一年，我的教师梦经历了洗礼，越发清晰而坚定。

经历过行知班从理论到实践的系统培训和指导后、无数次的模拟和演练后，无论是实习期初上讲台的提心吊胆、笔试时的重重关卡、还是面试时的忐忑不安，都能被成功克服，顺利通关。行知班聘请的导师大咖云集，教育界的很多牛人都亲临行知班，给我们举办讲座及指导。参加工作后，愈发觉得当年的行知班师资多么厉害，我们行知学子多么幸运。不仅如此，亦师亦友的行知班老师们，不仅是我们知识学习的指导者，也是我们精神成长的引路人。我印象最深刻的是有一次我试讲完一节课，由于紧张几度忘词，正懊恼不已时，行知班的老师们评课时居然安慰我说，我上课的样子有点桂贤娣老师的影子。虽然或许只是一句玩笑话，但这句话给了我莫大的鼓励，更坚定了我从事教师职业的信心。另外，在行知班还有一群志同道合、并肩前行的小伙伴，我们每天往返于宿舍和行知班之间，一起早读、练形体、上课、刷题、备课、练才艺，互相听课磨课、加油打气，早起的星光和晚归的星光就是我们那段难忘岁月的见证人。我们一起奔跑在追梦的道路上，回头有一路的故事，低头有坚定的脚步，抬头有清晰的远方。

行知岁月是我们生命中浓墨重彩的一笔，它给我们带来的不仅仅是教学技能的提升，更多的是教育思想和信仰的洗礼，这些养分都让我们在教育之路上，走得更稳、走得更远。

📖 水小实习，感恩遇见

2013 年 11 月，行知班的学员们被分配到武汉市中心城区各个重点中小学实习，我有幸去了水果湖第一小学，并遇到了我教学上的第一个引路人——我的师父白云老师。

白云老师是一位极具个人魅力的优秀的智慧型名师！她对教育教学的执着与热爱、对学生的倾情付出与关爱，以及她多年如一日孜孜不倦钻研和探索的学术精神，给了梦想踏入教师行列的我极大的触动和启发！她的亲切热情和无私分享引领着我不断前进，她的专业素养和大爱精神也深深地感染着我，让我也拥有了成为一名智慧和幸福教师的理想！那时，看着讲台上笑意盈盈的白老师，我时常在想，有朝一日，是否我也会成了她，讲着开心的话、看着开心的孩子、上着开心的课。

在水果湖一小实习的八周，使我真正体会到作为一名老师的乐趣，行走在美丽的校园中，一声声稚嫩的"老师好"总能让人不由得喜悦起来；从模拟教学变为真正的面对面教学，我也感受着师生互动的美好。从观摩白云老师现场授课，到自己备课上课，再到白云老师听课点评，我进行反思修改，然后再到下一个班去重新上课，在两个月的反复训练之下，我逐渐对课前的教学设计、课件制作、教具制作，课中的课堂管理、教学指令、教学评价，课后的作业布置、作业批改、家校反馈等有了清晰的了解。最后的实习生汇报课中，在白云老师的指导下我执教了一节三年级歌曲课，所教歌曲为 *In our classroom*，整节课教学过程流畅、氛围活跃、学生学有所得，得到了白老师和听课老师们的肯定，这也给了我打了一针强心剂，更加坚定了我的从教信念。

白云老师常说："安其学而亲其师，乐其友而信其道""爱会产生智慧，爱与智慧改变人生"。白云老师真心实意地爱学生，与学生做朋友，走进学生的心灵。一个被教师所喜爱的学生常常会充满信心、朝气蓬勃、积极向上。在白老师身边耳濡目染的我，也将"爱会产生智慧，爱与智慧改变人生"这句话作为我的座右铭，深深记在心里，默默立志成为一名永远热爱，不断追求的老师。

道阻且长，行则将至

2014 年 3 月，在大学毕业之前，我参加了武汉东湖新技术开发区的教师招聘考试，在笔试倒数第一的情况下进入面试，最后通过面试逆袭，成功上岸，被分配到武汉市光谷第一小学。这也得益于我们在行知班的多次模拟面试的锤炼以及实习时多次上讲台的实践。纸上得来终觉浅，绝知此事要躬行。通过这次面试，我更坚信了"天道酬勤"和"Practice makes perfect!"这两个人生信条。

犹记得 4 月 29 日去武汉市光谷第一小学签合同那天，我怀着激动不已的心情参观完校园，还发表了 QQ 说说——"好的开始，期待小吴老师能在这片沃土上早日破茧成蝶。"在草长莺飞的四月天，我的教师梦就此生根发芽，我期待着在新的教育沃土上蓬勃生长，开启新的人生征程。

扬帆起航，道阻且长

2014年8月底，意气风发的我带着梦想、带着期待来到了光谷一小，准备绘制美丽的教育蓝图。可是天有不测风云，8月31日一场突如其来的车祸让我失去了重要的家人——亲爱的爸爸！接到电话的那一瞬间，我的世界崩塌了，世界上最爱我的人就这样离我而去，我就像失去了盔甲的战士，无依无靠。

那时，我仅仅在学校入职几天，可是学校领导得知情况后，不远千里专程送来了关怀，如同黑夜中的一缕光，给了我希望！

相隔不到10天，我就返校担任五个班的英语教学和402班的班主任工作。我每天让自己忙到没时间多想，希望能调整心情，可是我高估了自己。失去至亲的悲痛、班主任工作的繁杂、担心教不好学生的压力，最后导致我患了严重的失眠症和抑郁症，每天白天浑浑噩噩，晚上望着窗外流泪到天明，短短十几天时间我就瘦到了70斤。我迷茫无助，心灰意冷，仿佛行走在一片看不到边缘的迷雾中。

真情相伴，一路前行

天无绝人之路，细心的校领导们发现了我的恍惚状态，不仅允许我先离开班主任岗位，还派心理专家周老师专门为我疏导，提供解决失眠的良方；英语组的老师如同家人一样，经常把好的教学经验分享给我，让我更快地适应教学；年级组老师也在课堂管理等方面做出了优秀示范和手把手的指导，让我这样的新人迅速成长；而和学生们一起吃午餐时，她们常常过来投食并说"吴老师你越来越瘦啦，要多吃点！"，我的亲人和朋友们也在身边支持我、陪伴我、安慰我。

在我工作最困难的时候、在我心灵最脆弱的时候，是我的学生、是我身边的老师、是学校的领导、是我的亲朋好友们，伸出一双双温暖的手拉着我，如同一盏盏橘黄色的灯指引着我。

在接下来的日子里，我不仅慢慢适应了教学工作，也品味到了教育的幸福。工作的第一年，身边的老师们以身示范，教会我何为老师、何为教育、何为责任、何为幸福。我也在学校这个大家庭里，完成了从学校到社会、从学生到老师、从混沌到明晰、从迷惘到坚定的过渡，成为了一名同事们眼中乐学善思、家长们眼中兢兢业业、孩子们眼中循循善诱的"合格"教师。

初心如磐，笃行致远

山重水复疑无路，柳暗花明又一村。经历了第一年的职后适应期后，我的教学生涯开始步入正轨，我也在接下来平凡的教育教学工作中，学会体会点滴，感悟成长。

📖 爱心投入，治班之本

执教的第二年，我在担任班主任的同时还需要负责二、三、四年级的英语教学工作。虽然工作繁多、琐碎，但是我发自内心珍惜这样的历练。

我这次接手的二（8）班是全校学生人数最多的班，而且男生多于女生，班上两极分化，有很多优秀可爱的小天使，也有很多调皮捣蛋的"惹事精"。班上天天有"事故"，按下葫芦浮起瓢，今天处理过的班级纠纷或者学生问题行为，明天又会重复发生。相比课堂教学，班级管理反而是我最头疼不已的。

那段时间我不仅积极向身边的班主任请教学习，还阅读了很多关于班级管理的书籍，从亚米契斯的《爱的教育》到了马歇尔·卢森堡的《非暴力沟通》，从张万祥的《班主任工作创新艺术100招》到母校主办的期刊《班主任之友》等。书中所看到的优秀班主任工作案例无不展现出了他们拥有着的班主任情怀，他们以学生为本，用一颗真诚的爱心呵护学生，用他们的思考与智慧帮助学生，从孩子们的角度去思考问题，去寻求最适宜的解决方法。

于是，我不再局限于当下问题的解决，一味地说教只能起到扬汤止沸的效果，我决定思考每个孩子行为背后的深层原因。我认真地了解每一位学生的学习和生活状态、性格、优缺点、思想观念，并结合家庭情况对学生的总体状况有一个全面的了解，因材施教、因材施爱。对于每一位学生的"闪光点"给予真诚的赞美，在赞扬他们优点的同时，帮助学生改正缺点，这样学生都会乐于接受，语言行为都会得到长足的进步。小轩同学就是我的第一个关注对象。

刚刚接手二（8）班时，我就注意到小轩与众不同，他在学校有注意力不集中、多动、冲动易怒、任性、不合群等行为，根据已有的心理学知识我判断他应该属于多动症儿童，每天我都绞尽脑汁地处理他与同学们发生的纠纷，很是头疼。在与小轩妈妈沟通后得知，孩子已经在进行多动症的治疗，医生说小儿多动症的治疗并不是单纯靠药物治疗，而且还包括了心理治疗、家庭治疗、行为治疗等，需要采取综合性的治疗措施，并不是单纯用哪一种方法就能起到作用的。小轩妈妈还向我诉说了导致孩子多动症的家庭原因是教育方式的偏差，小轩的父母工作忙，孩子交给爷爷奶奶照顾，老人过分宠溺，而爸爸崇尚打骂式教育，两种极端的教育方式对孩子造成了负面影响。

了解情况之后，我在网络上查询了大量关于多动症的相关知识，想尽我所能和小轩妈妈一起帮助孩子，身为班主任，我想了不少办法。

一是学会尊重，拒绝歧视。班上的同学因为小轩的"与众不同"经常会嘲笑和捉弄小轩，并给他起外号，这让小轩本来就自卑的心理更加严重，于是我专门开了一次针对尊重同学、拒绝歧视的主题班会，教育全班同学要互相尊重，引导同学们尊重小轩。另外，我还和所有科任老师解释孩子的症状，以期减少对他的批评和惩罚，多肯定孩子的进步。

二是发挥同伴的力量，提高孩子注意力。我特意安排责任心强、学习优异、乐于助人的同学轮流与他做同桌，当小轩上课发呆、走神时，他们能够适当地提醒和帮助小轩。并且我还与小轩偷偷做了好多小约定，如每次上课都回答两个以上的问题、能在规定时间内完整作业等，都可在为他私人定制的"21天好习惯养成表"上加分，加分累积，每月底即可兑现一个小心愿。在我和同学们的共同努力下，小轩也更加坚定了信心，他的注意力越来越集中了，能够很好地遵守课堂纪律。

三是家校合作，共同关注。我与小轩的父母，尤其是小轩的爸爸进行了细致的沟通交流，让小轩的家长注意改变教育的方法，减少溺爱，增加要求，给予孩子更多的关爱和陪伴，让孩子感受到父母温柔而坚定的爱。

四是寻找自信支点，成就阳光少年。小轩的兴趣爱好是架子鼓，这也是小轩的优点和长处。找到了这个优点，我就从架子鼓入手，将小轩的特长展示给全班同学看，还给小轩报名"校艺术小人才"比赛，最后小轩获得了一等奖的好成绩，同学们也对小轩刮目相看。这次的经历提升了小轩的自信心，他也成了班上炙手可热的"小明星"啦！

通过两年时间的引导和教育，小轩越来越自信阳光，能够与同学们和睦相处，并且注意力也集中了，学习也更加优秀了，我与家长也成了无话不说的知心好友。有一次和小轩家长聊天的时候，他妈妈和我说："小轩说吴老师漂亮又温柔，长大后要娶吴老师当老婆。"虽说童言无忌，但我知道"亲其师，信其道，乐其学"的道理，我想我已经找到了打开小轩心门的钥匙。

"一把钥匙开一把锁"，每个学生的实际情况都不尽相同，我们作为教师，尤其是班主任老师应该尊重学生的个体差异，特别是像小轩这样的特殊学生，班主任需要给予更多的关爱和帮助。这段经历提醒着我，千万不要用一把尺子来量所有的孩子，那样你基本上满眼都是差的孩子。

孩子的发展有快有慢，我们怎能凭孩子一时的表现，判断他的一生呢？高尔基说过："谁不爱孩子，孩子就不爱他，只有爱孩子的人，才能教育孩子。"爱，可以给孩子以心灵的温暖；爱，可以让孩子更自信。我想，我们作为教师，首先要热爱学生，热爱自己的事业，才能做好孩子成长的守护者。

信息技术，助力教学

随着科技的发展，信息技术在课堂中被运用得越来越广泛。2017 年 4 月，学校领导找到我说，东湖高新区举行小学英语互联网＋绘本教学比赛，需要用平板电脑授课，问我有没有信心参加。当时的我对平板教学一无所知，学校甚至区里对平板的运用也尚未普及，我感受到挑战的同时，也觉得这是个机会，怀着忐忑又欣喜的心情答应下来。由于比赛提倡运用信息化技术提高教与学效率，作为一个技术小白，我开始摸索平板教学。

那时候学校除了信息技术老师，其他教师都没有平板教学的经验，所以我只得一头埋进学校的录播教室，逐步摸索武汉教育云平台的教学助手、互动课堂等应用的使用。遇到自己无法解决的问题时，我就去请教学校信息技术老师和武汉教育云平台技术运营客服，力求在充分了解信息技术手段的前提下，将切实有利于提高课堂实效的技术融合在教学设计之中。

从校级初选，到区级初赛，最后到市级决赛，这次比赛前后耗时两个多月，前前后后大概磨课二十多次，我经历了从自信—迷茫—低落—困苦—冲破困难—找回自信的过程，最后于五月底获得了武汉市小学英语互联网精品课绘本教学评比一等奖。这是我的第一个校级以上赛课奖项。这次磨课经历可谓刻骨铭心，在磨课中我收获了进步，也收获了感动。

"享受"磨课过程

磨课是一个痛苦的过程，日日磨、夜夜思，一次次的颠覆，一次次的重整，让心灵承受痛苦的煎熬；但磨课也是一个成长的过程，磨课就是在一次次的试教试讲中反思，在一次次的更新中收获。

用"享受"的心态经历磨课的过程，因为在这个过程中，你会发现在这条路上你并不是孤军奋战，有好多经验丰富的老师与你一路同行。选课—备课—试课—改课—上课，每一个环节，英语组老师们都帮我精心诊断，甚至细致到课件中一个词语的修改、授课时一句过渡语的推敲，从他们身上我学到了好多教学思想的精华。试讲时遇到了一个瓶颈，修改时怎么也突破不了，急得我抓耳挠腮，同事们七嘴八舌，纷纷献策，不一会便"拨开云雾见月明"，那时候的感觉真好，感觉这不是一个人的课，而是我们共同的课。

到了备战市级决赛时，区教研员魏琐琴老师和我的师父李静老师更是多次利用休息时间给予我悉心指导。大到教学环节哪些是必备的环节、哪些是多余的，这些环节怎样设计会更有利于学生学懂，学得扎实，如何运用信息技术才能真正提高课堂的有效性，小到教学细节、课堂语言等的处理，哪怕是一句过渡语、一个神态动作，都进行精雕细琢，力求精益求精。

在他们的帮助下，我不断调整自己的思路，积极修改课件，每一次修改的过程都非常痛苦，挣扎不已，困惑不少。虽然表面上看来我的每一次上课都被批得"体无完肤"，但在这"痛"的背后，我却真正成长了。青年教师的成长过程中能有人指出缺点和不足是多么幸运的事情呀！

磨课活动是教师以学会友、思维碰撞、能力提升、百家争鸣的聚言堂。和同事、专家、名师一起磨课，给我带来了巨大的收获，他们独特的思维方式和丰富的教学智慧使我在教学工作中深受启发。

📖 获得素养提升

我从不认为我是天资聪颖的人，但我相信天道酬勤，所以每次试讲评课后，我都会把同事、专家、名师指导的内容整理出来，反复推敲。在修改好教案和课件后，我会将教学流程如放电影一般在脑海中一遍遍再现，把每一个环节中所要表达的词语写下来，写成逐字稿，一遍又一遍地推敲，力求精确到位，努力探求课堂教学质量的最优化和教学效果的最大化捷径。

最后，我会在空空荡荡的录播教室中，将整节课完整试教两到三次，熟悉教学流程和平板的操作。我不允许第二天的课堂因为我对教学环节不熟悉而导致试教效果糟糕，这样会浪费学生和听课老师的时间，也会打击自己的自信心。所以这堂课表面上我只磨了20来次，实际上，我或许磨过不下60次。

经历了两个月的探索，我在信息化手段在课堂教学中的运用上也有了一定的突破。

在这堂课的设计中，我致力于探索如何运用信息技术手段提高学生兴趣、提升语用能力、改变评价方式、优化互动方式、增加课堂容量，以及减轻教师负担等。

通过这次比赛，我深刻体会到信息技术和英语教学相融合改变了传统单一的说教教学模式，优化了课堂结构，改进了教学方法，使学生的自主性得到了充分的发挥，提高了学生创新学习的能力。同时，也让我体会到现在的信息技术在课堂教学中起到的辅助地位是不可忽视的。于是，我致力于将所学运用于常规课堂教学中，恰当地融入信息技术手段，从而起到激发学生兴趣、激活学生思维、拓宽学生视野、提升学生语用能力等作用。

在不断摸索的过程中，我将平时融合了信息技术的英语课例用来参加教育部门举办的信息技术与课程整合类的比赛，也获得了一些相关奖项，如东湖高新区信息技术与课程整合优秀课例评选活动区一等奖；"新媒体新技术教学应用研讨会暨第十一届全国中小学创新课堂教学实践观摩活动"教学课评比全国二等奖；"武汉市教育教学信息化大赛"市二等奖等。在频繁的教研和磨课过程中，我的教学技能也随之提升。

当我们尝试一项新工作新事物时，难免有一种后拽的力量，常会萌发安于现状、不思进取的杂念，但只要我们勇于进取、不畏艰难，挑战也是一种机遇，困难也是一种机会，结果说不定会充满阳光和收获。

保持饥饿，感悟成长

风过有痕，花开有声。在七年多的执教生涯中，我坚持践行母校"学高、身正、诚毅、笃行"的校训，从一名师范毕业生转变成了一名扎根一线的人民教师。回顾自己走过的教学之路，欢乐与辛酸同行，收获与遗憾同在。

身为一名人民教师，我会一直保持适度的"饥饿感"，树立终身学习的思想意识，坚持向名师学习，向同行学习，向网络学习，让学习成为自己的习惯，积极参加学校、教育部组织的培训学习活动，在学习中丰富知识、锻炼品行、践行教学方法，充分利用课余时间认真学习研究现代教育理念和模式，进而整合教学资源，提高课堂效率。在未来的工作中，我会以小小的三尺讲台为舞台，时时刻刻保持着对教育的激情与热爱，勤于反思，引领学生开启智慧的大门，走向神圣的殿堂，争做一名真正的"传道授业解惑者"。

雏鹰轻鸣，振翅腾飞；教苑深深，其穷也无极！我的教学之路还在延续，我会珍惜每一次成功、每一次挫折、每一次成长的机会，在"光谷教育"这片沃土上奋力前行。在未来的教学工作中，我也会一如既往用爱和智慧来经营所选择和钟爱的教育人生。愿我们在教育之路上，不忘初心，砥砺前行，遇见更好的自己！

作者简介　吴欢燕，女，湖北咸宁人，2014年毕业于湖北第二师范学院英语师范专业，现为武汉市光谷实验小学英语教师，先后担任班主任、教研组长等职务，东湖开发区优秀青年教师，曾获武汉市小学英语互联网＋绘本教学比赛一等奖，所带班级被评为区优秀班集体等。座右铭：爱会产生智慧，爱与智慧改变人生。

中小学一线教师评论　叶澜教授说："没有教师的生命质量的提升，就很难有高的教育质量；没有教师精神的解放，就很难有学生精神的解放；没有教师的主动发展，就很难有学生的主动发展；没有教师的教育创造，就很难有学生的创造精神……"

教育是一个能使教育者和受教育者都变得更完善的职业，而且只有当教育者能够自觉地完善自己时，才能更有利于学生的完善与发展。教育的本质应该是幸福。教师要以培养人才为荣，也要发展自己，享受教育，让自己的生命灿烂起来，精彩起来。

让我们不断在成长过程中发现点滴的幸福，从而形成源源不断的动力，不断精益求精，在专业成长道路上越走越远。（李静，武汉市光谷实验小学副校长，中学高级教师）

高校教师评论　吴欢燕老师一路前行，心中有梦，初心如磐，实现了当一位优秀的人民教师的梦想；从教后眼里有光，坚持体察每一位学生的学习和生活状态、性格、优缺点、思想观念。面对调皮捣蛋的"惹事精"、"与众不同"的多动症，吴老师用爱与智慧来帮助他们，给教育做了最美的诠释。正如刘铁芳教授所说："理想的教育乃是基于爱的交往的自我丰富，爱与丰富构成我们重新审视基础教育的两个基本维度。"

在无法重来的每一天，我们教育者要真诚由衷地尊重每一个孩子，用爱抚平他们生命的皱褶，用丰富充盈他们生活的广度。日常教育实践正是在爱的深化与智的开启中进行，丰富教育之爱的内涵，促进学生多元发展，由此引导孩子们在实践中成长，在成长中追梦。让我们成为一名真正的师者，守护自己的教育理想，既一路前行，感悟成长；也心怀赤诚，静待花开。（钟云华，湖南师范大学教育科学学院教授，博士，博士生导师）

成长如一路花开

（武汉市光谷豹澥第一小学　余艳）

幸福童年　梦想萌芽

📖 父母寄厚望

我出生在一个不算富裕，但很幸福的家庭，父母很注重生活的仪式感，总是会在不经意间给我惊喜。记得上学前的某一天，父母把我叫到房间里，神秘地打开抽屉，里面放着一个崭新的书包，书包里还有一个文具盒，文具盒里整齐地摆着铅笔、橡皮。那个文具盒一下子就吸引了我的目光：盒盖上有一幅鲜艳的图画，盒盖的背面亮亮的，像镜子一样闪耀着光，摇一摇还发出"叮叮当当"的声音。我如获至宝，开心极了。

爸爸妈妈给我讲了文具盒盖上图画的故事——《司马光砸缸》，我听得很入迷。他们意味深长地告诉我，希望我上学之后好好学习，做一个和司马光一样聪明的孩子。小小的我虽然不懂父母话语中的真正含义，但从他们微笑的脸上，能感受到他们的期望。

📖 良师巧影响

第一次上学的经历太棒了，那天我背着崭新的书包，一路蹦蹦跳跳，心里紧张又开心。我永远记得我的启蒙老师，他是一位和蔼的老教师，整整一个上午他都在给我们讲各种各样的故事，仿佛他就是一个故事盒。快放学的时候，他一脸慈祥地问我们："你们喜欢上学吗？""喜欢——"我的声音非常大。

我喜欢校园生活，学校里令我印象最深的是一位二年级姓唐的男老师。他教语文，也会音乐，说话声音非常好听，总是逗我们玩。有一次，我送他一束桂花（那时候村头有几棵大桂花树，小孩子摘花没人管）。他深深闻了一下，说："好香呀！谢谢！"

唐老师真诚的样子，让小小的我因为被尊重很感动，后来就更喜欢下课去找他玩了。他会陪我们聊天，教我们唱歌。我觉得上学快乐极了，心里默默期待快点上二年级，做他的学生！

好不容易等到上二年级，唐老师被调走了，来了一位姓张的女老师，卷头发，说话很温柔，笑起来眉眼弯弯，好像电视里的古装美人儿。有一次，我们做复习练习，张老师在黑板上抄题目，她一抄完我就写完了。张老师不相信我写得那么快，让我给她看看，结果全对。她当着全班同学的面对我说："她写作业这么快，以后一定能考清华北大！"我的脸竟唰地红了，小小的我不懂清华北大是什么，但老师的欣赏和认可给我带来的震撼很大。考清华北大没有成为梦想，成为一名老师的愿望却开始在我心里生根发芽。

教育是一棵树摇动另一棵树、一朵云推动另一朵云、一个灵魂唤起另一个灵魂。很感谢我的启蒙老师们，在我刚踏进校园时，给了我许多爱和鼓励，让我从此热爱学习。多年以后，已为人师的自己，每次面对自己的学生时，想到这些老师们，心里依然温暖如初，忍不住会面带微笑对待每个学生。

风华正茂　追逐梦想

📖 象牙塔逐梦

高考结束之后，似乎冥冥之中自有安排，我来到湖北第二师范学院学习，开启了我的人生新征程。在湖北二师，我遇到了不少良师益友。第一次上心理学课，范老师用好听的声音把一个个心理学原理讲得通俗易懂，让我喜欢上了大学课程，觉得大学比中学时代有趣多了。我的教育学老师是和蔼谦逊的潘老师，他学识渊博，总是让我们上课前上台分享个人所思所得，他给我们讲他教育故事，等到我们听得入迷的时候，再讲与之相关的教育原理。我的课程理论老师上课时特别严肃、认真，他基本每天都提醒我们：做老师就要喜欢学生，否则就别当老师。这个观念影响了我整个教学生涯。

📖 益友共进步

在大学里，我的父母给了我很多支持和鼓励，他们总是鞭策我认真学习，学真本领。所以，大学四年我过得非常充实，早起晨读、跑步，中午去图书馆看报纸、杂志，晚上在自习室练字、看书，周末整天待在图书馆，阅读各种各样的书籍，感受在知识海洋里遨游的无限美好，那是一段最美好的时光。

晨读是早上五点半起床，和一群人来到校园湖边，一起大声读书。记得当时有个男孩子读《少年中国说》，他一气呵成、气势雄浑的模样，至今历历在目。中午去图书馆，也是同学带我去的，后来才形成去图书馆的习惯。当时我看着图书馆里认真看书看报的同学，我也很快就进入了阅读状态，这个后来被我们称为"精神加餐"。去图书馆和自习室是最惬意的独处时光，每天晚上踩着月色回宿舍，路灯下拉长的影子都充满着愉悦。

我和同学打听到哪个专业课老师的课讲得非常有特色，就结伴去旁听。中文系的田老师讲课风趣幽默，深入浅出，我们经常去。美术系的书法老师和素描老师教了我们专业课之后，我们觉得不过瘾，打听老师的课程安排，课余时间去旁听，受益匪浅。我还加入了吉他社团，社团每个人都充满激情和才气，大家聚在一起总是欢声笑语，对音乐产生懵懂的认识就是从大学开始的。

📖 行知班学习

大学对我影响最大的是在行知班的学习，半年多的学习给我的专业打下了非常扎实的基础，也给我的未来指引了一条目标更清晰的路。在行知班的学习很充实：每天早上一边大声读书，一边按照形体老师的要求练习形体。普通话老师用最严格的方式，陪我们每天练习普通话。行知班的师生们经常在学校草坪、休闲凳上练习普通话，就连中午都不休息。

行知班的专业课安排得很集中，每天上课内容都是实操性的，从教材解读到模拟上课、从个人礼仪到小组合作，基本面面俱到。除此之外，行知班还有很多专家定期来开展讲座，每位专家都有自己擅长的领域，当他们出现在教室的时候，对于在象牙塔里的我们，就像从窗户外照进来的阳光，温暖而有力量。他们独特的人格魅力和高深的专业知识，让我们对未来有了清晰的规划，不再茫然。

📖 进名校实习

在行知班进行了三个半月左右的理论学习后，如雏鸟渴望飞翔，我们也期待走出校门，去学校实习。记得，那天坐在大巴车上，看着窗外的风景，感觉风都是甜的。我们被安排到省直属小学水果湖一小实习，内心充满了向往和不安。

第一次站在讲台上是在实习的第二周，终生难忘。课程我准备了两天，自认为准备很充分了，每个细节都对着镜子反复练习，脑子里尽量想象学生听课的反应。我走进课堂，看到台下几十双眼睛里的信任，心里有点紧张，第一次感受到老师的责任感。课程和想象中很不一样，课堂气氛沉闷，和预期目标有一定距离，这令我有点沮丧。课后，师父安慰我并告诉我："一堂课四十分钟，很容易过去。课堂效率是课堂的灵魂。"

我的师父不仅教我班级管理和课堂教学的技巧，还教我为人处世之道。她叮嘱我，作为老师，一定不要忘记初心，对学生好，他们会成倍地回馈你。生活方面，她说，"不要浮躁，老师假期多，可以多阅读。"后来因为家里出了变故，我提前结束了实习生活。师父让学生给我写信，我感动得热泪盈眶。对一个实习生如此用心，可见她生活中该是多么热心的人啊！她的善良、智慧、勤奋给我留下了很深的印象，也奠定了我后来教育教学的基础，因为我太喜欢她温婉大方的风格了。

初出茅庐　追逐梦想

📖 从 "0" 开始

成长，总是一路坎坷，一路花开。毕业之后，我带着满腔热情来到武汉市光谷豹澥第一小学，但是理想和现实差距很大。在同事们的关爱中，我决定从 "0" 开始，用心学习，适应从理论到实践的过程。

在班级管理中遇到问题，我求助自己的搭班胡老师，她是学校的德育主任。刚开始，她像大姐姐一样照顾我，手把手教我管理班级，带我上班会课，帮我管理路队和纪律。心怀感恩的同时，我每天做总结笔记——"胡姐出招"。语文上课缺乏实际经验，我就每天听隔壁班经验丰富的朱老师的课，每节课都去听，听完整理、总结，再在班里上课，上完课写反思。就这样，经过三个月的努力，我度过了迷茫期。

📖 从 "1" 开始

适应了小学的工作节奏之后，我开始探寻适合自己的教学风格。我们学校有青蓝工程，每个新老师都有一位师父。我的师父也姓胡，她的严谨和优秀在学校是典范，身上总是有一股不怒而威的气势，我经常去听她的课。但是 "拿来主义" 明显不适合用来学习她的方法。同样的教学内容，听了师父的课之后，我经常会做更深入的思考，重新备课上课。从开始单纯的仿课到后来深入思考再上课的习惯，让我在磨课的过程中明显感受到自己的进步。

后来，我结婚生子，对孩子的认识发生了很大变化，我不再把他们当作教学的对象，而是一个个活生生的孩子。我会走近他们，在课堂上和他们对话，关注他们的个性发展，课外时间像长辈一样关心爱护他们，果然教学效果比之前好多了，我也开始在教学工作中找到成就感和幸福感。

作为班主任，带着班级几十个孩子，酸甜苦辣各种滋味每一天都"有幸"能品尝到。从刚开始的无头绪，到后来的有条不紊，再到发自内心地尊重他们，把他们当成"孩子"和"人"，陪伴他们一起成长，让我对教师这个职业充满了敬畏之心。用心去爱学生，但不自我感动，因为每个学生都有自己的成长地图，我们要做的是让树枝繁叶茂、让花繁花似锦：对待优秀的学生，让他看到"人外有人，山外有山"，激发他的斗志，做班级的榜样；对待中等学生，多关注他们的短板，帮助他们感受"跳一跳，摘桃子"的乐趣，提高他们的班级影响力；对待后进生，多关注他们的优点，让他们感受到来自老师和班集体的温暖。

没有爱，就没有教育。我喜欢热情地表达对于学生的关注和喜爱。无论这个孩子是优等生还是后进生，赞美和表扬都能起到很好的作用。记得有个二年级的小男孩，从小和爷爷奶奶一起生活，做事很慢，每次作业都不能和班级其他同学同步完成，急得掉眼泪。作为他的语文老师，我每次都是默默地在他旁边看他写字，默默观察他的课堂表现和课外的喜好。发现他喜欢看书，我就在班上讲很多绘本故事；偶尔一次的看图写话，发现他很有想法，我好像发现新大陆一样，激动地将他的写话作为范本在班上朗读，并热情评价，让同学们给予掌声。此类"大惊小怪"的表扬、赞赏，让那个沉默的男孩眼里越来越有光。

五年级时，有个男孩子父母离婚了，刚开始那段时间，他在教室里一言不合就打架。终于有一次，他在和科任老师起冲突之后，跑到厕所大哭起来。等他哭完之后，我看着他，告诉他："我理解你，你心里肯定有很多委屈。"他红着眼睛，咬牙切齿地说："我恨爸爸，他老是打妈妈；我恨自己，不能保护妈妈。"我心里一颤，忍不住心疼起这个孩子，于是我像朋友一样，真诚地和他聊天，聊刚认识时的他那么阳光、可爱，以及他身上的很多闪光点，告诉他，如果愿意，老师和同学都是他的亲人、朋友。那一天后，他没有再冲动打架。

0+1>1

工作了一段时间之后，我发现自己的短板很多，在学过的理论和教学实践之间仿佛有一道鸿沟。好比你要过河，会有很多种方法，但是什么样的方法是属于自己的方法，是我一直在寻找的。

活到老，学到老，学习总是一件让人快乐的事。东湖高新区的培训体系全面而科学，定期开展线上线下培训，外出教研的机会很多。工作前三年，感觉自己和其他同事一样，像海绵一样不断吸收先进的、接地气的教学理念和教学方法，大脑经常处于极度兴奋状态。

除了学校安排的培训，我也在假期参加其他的学习活动，如国学研修、心理学学习。国学研修包括国学经典诵读和海量阅读，是我非常感兴趣的学习，对于语文老师也非常有益，它使我找到了个人发展的方向。心理学学习是从毕业之后就开始的，关注个人心理健康，将自己的状态调整到最佳，对个人、对学生、对身边所有人都是百益无一害的事。学习国学和心理学之后，我找到了方向，在教育教学中开始变得游刃有余。

我们学校的校训是"为学生的幸福人生奠基"，怎样的人生是幸福的人生？怎样为学生的幸福人生奠基？我爱阅读，学生时代看的都是自己喜欢的作品，工作以后开始理性选择阅读的作品。定期阅读班主任工作和教育教学方面的作品，是我必做的事。时代发展很快，生活节奏也越来越快，让自己及时输入，才有更好的输出，给学生足够的滋养，才能为工作找到更多的方法和方向。

 向"1"之后进发

我 2013 年参加工作，2014 年结婚，2016 年和 2017 年两个孩子出生，对我的个人成长影响很大。成家立业是每个成年人必须经历的，家庭使我产生了极强的责任感和目标感，生孩子之后的坚韧与柔和并存的状态，使我的个人发展进入一个多维的发展阶段。在努力平衡工作和家庭关系的过程中，我对待学生更注重情感投入，和学生的距离更近；在处理日常工作时，对自己要求更严格。2018—2021 年，在学校的所有活动中，我一改以往佛系的风格，把自己当成钢铁战士一样去拼命。我的人生格言变成"努力只能算及格，拼命才会优秀"。加班、查资料是我做每件事必经的过程，而结果基本上都不负所望。虽然奖项有大有小，在教师个人发展过程中不足挂齿，但是努力、拼命在这三年里已经成了习惯。

2021年10月的某个晚上，我突然想考研。不是心血来潮，而是曾经在心里埋下的一颗种子在一瞬间破土而出，感觉非常强烈。毕业后忙于工作家庭，无暇顾及其他。孩子四五岁，我的时间开始充裕起来，我必须全力以赴。距离考研只有两个月时间，每天晚上下班后在办公室复习、背书，九点半回家，取消所有的社交和休闲活动。当然，结果不是很理想，但复习时重拾教育学、心理学的知识，让我重新审视自己的工作。之后我会继续选择深造学习，因为我坚信，站得高才能看得远。

一路走来，成为一名老师似乎是宿命，很幸运在这条路上，有我的师长、同事给我鼓舞、帮助，我的学生给我不断努力学习的动力，我们一起见证这一路的花开花落、云展云舒。成长如花开，从种子萌芽到花开满枝，需要很多的养分，感恩所有遇见。愿在今后的所有岁月里，依然能见到花开一季复一季，在平凡的岗位上，不忘初心，做一个精神丰盈、内心明亮的老师。

作者简介　余艳，女，湖北咸宁人，武汉市光谷豹澥第一小学语文教师，中小学一级教师，武汉市东湖高新区"优秀班主任"，武汉市经典诵读节目"优秀指导教师"。入职以来，获得校级首届班主任基本功大赛一等奖，被评为"最具成长力教师"。多篇德育论文被评为区德育论文一等奖，所带班级被评为"武汉市先进班集体"。

中小学一线教师评论　十年树木，百年树人，教育是一件"任重道远"的"大事"。随着社会信息化的迅速发展，中小学教师面临的教育教学任务更加艰巨。从初出茅庐的师范专业学生，到站在讲台上的新教师，他们面临的挑战，和肩上的责任，让他们不断学习、进取。"问渠那得清如许，为有源头活水来"，余艳老师通过不断地阅读、实践、反思和学习，让自己的教育教学越来越成熟，形成了亲切、优雅、大气的教学风格。老师脸上有多少微笑，学生心里就有多少阳光。在教育这条路上，她始终不忘初心，一直用温暖和爱陪伴学生成长，做温暖学生心灵的守护者。（袁志博，武汉市光谷豹澥第一小学校长，小学语文高级教师）

高校教师评论　习近平总书记曾说："一个人遇到好老师是人生的幸运，一个学校拥有好老师是学校的光荣，一个民族源源不断涌现出一批又一批好老师则是民族的希望。"余艳老师是幸运的，她在成长的道路上遇到了许多好"老师"，既有对她寄予期望的父母，也有给她温暖和力量的老师，还有指导引领成长的师父和同事；她的学生们是幸运的，因为他们遇到了热爱教育、富有爱心、善学习、爱阅读、敢挑战的余艳老师。教师与学生是相互学习、相互影响、相伴成长、相互成就的，教师在育人的同时育己，这不正是教师专业发展的奥秘吗？愿师生的生命之花都能幸福绽放！（崔波，湖北师范大学教育科学学院副院长，副教授，教育学博士，硕士生导师）

星光灿烂背后的秘密

（武汉市光谷第九小学　王秀秀）

每一颗耀眼的星星背后定有不为人知的秘密，每一位成功的人背后定有数不清的汗水，而我也是如此，"一分耕耘一分收获"一直是我的座右铭，"既然选择了远方，便只顾风雨兼程"，一直是我不断前进的警示语！

种下教师梦，踏上教师路

📖 教师之梦，始于母亲

读小学四年级时，不识字的母亲突然要我教她认字，贪玩的我很不愿意，可看着母亲求知若渴的眼神，我只好同意。开始教的时候，我很敷衍，一个字教一遍，都不愿意再教第二遍，为此父亲还曾批评我，要我端正态度，用心教母亲认字。尽管我教得很不走心，可是母亲却学得很认真，一个月下来四十几岁的人竟然学会了不少字，我的内心很惊讶，也很惭愧。慢慢地，看到母亲认的字越来越多，我也开始高兴起来，每次听到母亲说"多亏了我女儿，我才认识字"，我都感到十分自豪，这是我第一次感受到当"老师"的乐趣。

📖 教师之路，源自名师

大学里老师带我们解读了十四位名师的成长过程，我研究的是名师李镇西，在图书馆里找到了十几本他的著作，这是第一次近距离"接触"名师，第一次学习到名师的班级管理经验，阅读着李老师给学生写信应对"青春期问题"、转化"后进生"万同、帮助落榜生宁玮成就自己的人生等内容，我被"爱心与教育"深深感动着、震撼着！而后我了解到支玉恒老师边上课边录音，反复听上课的音频，最终成为一名卓越的教师；窦桂梅老师主动要求上公开课，寻求同行意见，坚持不断地积累，繁忙工作之余写教学随笔、教育心得，写下了100多万字的教育教学笔记……研读的每一位名师都具备勤于学习、不怕吃苦的精神，锲而不舍、挑灯夜战的劲头，敢于拼搏、勇于实践的精神。一次次的阅读，更加坚定了我要"成为一名优秀的教师"的决心。

📖 教师经验，来自家教

想成为一名教师，我深知自己的短板：教学经验不足，班级管理亟待加强。大学期间我不断地尝试做一些家教工作，带过一对一高中、初中数学，这些经验帮助我积累了数学基础知识，打通了小学、初中、高中的数学知识体系，我意识到小学数学知识是基石！我申请带小额班级的一年级、六年级的数学、语文、英语，也不断摸索着班级管理方法，学会了与学生"斗智斗勇"；与家长交流的过程让我体会到家校合作的重要性，这都为我成为班主任奠定了基础。

人生路口的抉择，加入行知实验班

📖 放弃代课机会，踏上行知之路

大三下学期，机缘巧合，我被二师的附属小学聘用，担任代课老师，内心既兴奋又忧愁！我一直坚定地认为弥补经验不足的最好办法就是进入学校代课，所以当我可以进入课堂面对可爱的孩子时，我内心非常兴奋，在实习的过程中每天坚持写代课日记，看着一张张稚嫩的脸、一个个可爱的孩子，我更加想成为一名教师。但是我也很忧愁，去学校代课，虽然可以积累经验，甚至于还会有一笔不错的收入，对于还在读书的我，这真是很大的诱惑！可是这也意味着我要舍弃一些东西，例如与大学同学们相处的时光，还没有完成的专业课，令人期待已久的行知实验班。我还与当时的班主任老师说了我的烦恼，我想找一个两全其美的办法，可是我发现"鱼和熊掌不可兼得"，我必须要舍弃其中一个。在纠结了九天之后，我毅然决然地找到了附属小学的副校长，表达了我对学校代课老师这份工作的不舍，还有我准备重返校园的决心。副校长很温和，感受到了我对这次机会的珍惜，也看出了我的忧愁，最后她鼓励我先好好读书，以后想来还是可以来代课，同时她更期待我能正式成为行知班的一员，最后我也没有辜负她对我的期许。那时我对她非常感激，她没有因为我的"毁约"而生气，反倒鼓励我，让我离开得很坦然。临走前，我还特地去看了我的指导老师和那群可爱的孩子，并承诺以后一定会来看他们。自此，我开启了在行知班的求学。

📖 行知班里做服务，开启跨越式成长

加入行知实验班，是我做得最棒的选择！而我也决定在这个班级里竞聘班干部，为大家服务。进班第一天，我决定突破自我，第一次站在舞台中间开始了班干部的竞聘演讲，原不抱希望的我却以 14 票险胜，成为班长。这个经验让我明白：人具有无限的潜能，关键是要迈出去那一步！在行知实验班，老师们鼓励我，给我机会，让我独自管理一个班级，班级的规章制度、班级文化、班级节目等都需要我们设计，而这又一次为我积累了"带班经验"，可以说上班之后的班级管理很多都借鉴了这些经验。行知班里有一名很腼腆的学员，我观察到她有些不在状态，于是下课后我邀她一起走，路上问她是不是最近心情不好，遇到了什么困难？她很坦诚地告诉了我她的困扰，临别时她对我说了一段话，让我一直记忆犹新："你真的是个好班长，我一直以为自己默默地，不被关注，即使遇到事情也没人会关注，没想到你一下子就发现了我的困扰，我觉得以后你做老师也会是一名很棒的老师！"那一刻我惊讶极了，我只是因为多了些细微的观察，竟然带给她如此的感慨。这件事一直提醒着我要学会观察班上的每一位孩子是不是不开心或者不舒服，并及时地给予孩子帮助，让他们感受到老师的关心与爱护。

在行知实验班里，我们开启了全方位的练习：从普通话发音、人体急救知识、形体训练、穿衣搭配、钢笔字和粉笔字练习，到名著阅读、优质视频课鉴赏、名师名校长教育经验分享、备课说课模拟训练、小组讲授练习、信息技术应用、班级活动设计与组织等，这些活动都使我们开阔了视野、丰富了内涵、厚实了功底。我们见识了许许多多优秀的老师、面试官，我们组织了很多综合实践活动，我们在短时间内开发自己的潜能，了解先进的教育理念……每一天忙碌但充实、每一日劳累却成长，我们还有幸来到了武汉市最优秀的学校实习，看见了最美的风景，才更明确了自己的追求！

初入教坛，开启教学之路

虚心求教，尽快适应

2017年的九月，我迎来了我的第一届学生。我担任班主任老师，负责双班的数学教学，同时兼任工会组织委员，每天都很忙碌。我最喜欢做班主任老师，但开学之初我却犯了难：即将开学我却不知道一个班主任的一天是什么样的，班级文化如何设计？新接手一个班班规如何制定……我感到既迷茫又焦虑，于是主动与搭班老师、同年级组的班主任老师求教班级管理经验。前任班主任老师很热心，告诉我班级情况，哪些家长比较配合工作、哪些家长比较不易沟通、哪些孩子需要鼓励、哪些孩子需要严格要求……老师们都喜欢虚心求教的人，所以我很快就适应了班主任的生活。我强迫自己一周之内记住孩子们的姓名，做好纪律、卫生、安全等方面的工作，慢慢地一切都步入了正轨。

每日一赞巧运用，调皮学生被感化

上班期间，每天都会与学生发生一些小故事，为了记录我开始在朋友圈写"每日一赞"：每日寻找一个孩子的闪光点，叙述事情的经过，并对他（她）的行为进行表扬。记录的时间久了，我就有了很多小故事，孩子们调皮的时候，我会选取恰当的内容读给他们听；孩子之间发生争斗，我会选取有关宽容内容的"每日一赞"读给他们听；孩子课堂纪律不好或者行为失当的时候，我会选择我写的关于他的"每日一赞"读给他听，这比说教更管用。调皮鬼皓皓又一次因为犯错，走进了我的办公室。他每次被我说完都没有一丝改变，我想，能不能换个方法引导呢？当皓皓走进办公室时，以为我又要批评他，然而我足足盯着他看了一分钟，没说任何话，盯得他自己不好意思了，我打开手机，找到写他的每日一赞，对他说，"给你读一读我眼中的你吧！"读着读着，我发现皓皓竟然抿起了嘴巴，低头不语。读完，皓皓对我说，"王老师，真没想到在您眼里我有这么多优点！"第二天他还写了一封信给我，表示从没有一个老师为他写这些东西，他感受到了我的用心，今后会努力用行动做出表率，不再要我为他操心。在每日一赞中，我写的主题有很多，看到孩子的好习惯、调皮学生暖心时刻、遇到全班团结一致做大事等，一般我会选择核心人物写"每日一赞"。每天带着一双发现美的眼睛进班，慢慢地，我积累了很多素材，这让我开始尝试写教育叙事，并学会进行教育反思，想一想下一次遇到这样的事情还有没有更好的方法。在记录中我不断地成长，并喜欢上了教育叙事。

班级管理遇挫折，数学教学补不足

📖 "刺头"雨雨忿难平，寻找良机解问题

不知不觉中迎来了五年级，带了一年，本以为一切都会得心应手，万事都可以用我的智慧来解决，此刻我却遇到了难以突破的挫折。五年级的孩子或因为有了主见，或因为家庭关系，或因为提前到来的青春期等，开始变得叛逆，最棘手的是雨雨同学！雨雨是我们曾经的班长，五年级之后，觉得担任班长没意思，一度变得"嚣张跋扈"，把班级搞得乌烟瘴气，很长时间我班班风很差：班长带着班上的学生上课讲话、不写作业、吃零食、盲目攀比，有时带头与科任老师顶嘴等，还组成了小团体。每天进班都让我十分头疼：上数学课不听讲还插话，上班会课和小团体成员传纸条，期中考试为了引起老师注意故意考不及格，运动会上缺席，整天吊儿郎当，总有老师来跟我诉苦，学生来跟我告状。我每天备受折磨，曾萌生换班的想法，可是我不能轻言放弃，于是我不得不开始寻找解决办法。首先，向有经验的班主任请教方法，听一听其他老师怎么解决这个问题；其次我尝试向书本求助，万玮老师的《班主任兵法》给我提供了方法；最后，我甚至借助网络求助，向全国的班主任求助，与师范同学探讨……世上无难事，只怕有心人，当我真的开始四处寻找解决方法的时候，很多问题就不再是问题了。

我找到了雨雨发生巨大变化的原因：父母离异。于是我竭尽所能地让她感受到老师对她的关注与关心，即使家庭发生变化，老师依然在背后支持她。我知道她喜欢吃零食，总是在她尝试转变的时候奖励她，私下与她家长也及时联系，将雨雨的进步向家长报告，跟她一点点地再次建立起信任感，一直到毕业后雨雨依然与我保持着联系。

与此同时，我开始记录转化雨雨的过程，又机缘巧合了解到王晓春、于洁、钟杰老师等班主任名师，于是开始了人生第一次"追星"。遇到这些老师的讲座，无论线上线下，我都会去聆听，甚至去翻阅他们的著作、微信号推文等，这样的"追星"岁月让我开始反思。我一边记录这两年遇到的挫折与困惑，一边思考班级管理中好的想法与做法。每学期结束我都尝试总结，看看自己的优势与不足，总结一下哪里做得不好。开学之初完成新学期的班级管理计划，这让我不断地整理自己的思路，规划自己的发展方向，做事显得成熟稳重了，解决班级管理中的问题更加得心应手，与家长的关系也不断地走向和谐！

📖 数学教学不深入，潜心钻研补不足

初上班时，我以为自己很熟悉教材，毕竟初中、高中我都教过，于是教案匆匆一瞥，心中有个流程就去上课了，教参也研读得很少。有次上课，我在课堂上讲了一个知识点，学生把我问住了，为了缓解尴尬，我只好说："王老师也在思考这个问题，那课下我们一起想，有想法大家交流。"我不知道当时是怎么走出教室的，但是那一刻我下定决心，一定要潜心钻研教材。之后的每节课，我都先看一遍课本，想想上课怎么设计流程，再看教参，知道每个知识点的分布情况，然后看教案，在脑海中整体过一遍，有时还会在网上搜网课，借鉴一下别的老师如何上课，找到整节课的重难点。

从教之初我带两个班，一个知识点一般都会讲两遍。实习时，我的师父曾教给我如何在课间的十分钟立刻调整自己的教学过程，所以我在第二遍上课的时候就会把握好重难点，并且会及时地根据第一节课的问题进行整改，这样的经历既锻炼了我的应变能力，还使我更能把握学生的学习情况和教学的流程；同时我积极参加学校的教研活动，为了锻炼自己，只要有"潜能杯"教学大赛、视导课，我都会报名参加，平时我也会记录学生的特色作业、易错点，这些尝试让我不断地加深对数学的理解，极大地弥补了我的不足！

管理学生需"放手"，打磨课程需"费力"

📖 何不相信他们一次？

当我慢慢变得成熟一些，班主任工作获得认可，并获得区里的"百优班主任"称号时，我对班级管理有了一定的经验，我开始尝试转变。以前的我总是牢牢地掌握着班级的所有权，任何事都亲力亲为，然而最后的结果却与预期的结果大相径庭，我开始尝试放手。六年级的运动会，每个班都有团体项目——八字跳长绳，往年我亲自坐镇，这次我直接把这个项目全权交给学生负责，我只提供必要的帮助。从人员的选定、

人员的编排、跳绳的训练等，一概由欣欣和铭铭两人负责，一个负责组织大家安全有序的训练，一个负责调整跳绳的策略，两个人配合得十分默契。训练失败了很多次，可每一次的失败他们都没有放弃，而是不断地调整队形，如男女混站、好劣混站等，这些研究出来的策略让我们的八字跳长绳一举夺冠。我预料到我们会胜利，但是没想到学生自己编排的八字跳长绳竟然远超第二名。有时班级管理是需要学会放手让学生来做的，何不相信他们一次，也许会有惊喜！有了这个经验，我慢慢地学会放权，更愿意尝试发挥学生的主动性，让学生自我管理，自我尝试。

📖 耗时打磨一节课

一节精彩课程的呈现背后定会付出很多汗水。参加校级教坛新秀比赛时，我上课的内容是《平行四边形的面积》。对这节课，我有自己的思考，但是想要上得精彩还是很有难度的。于是我先翻阅教材、参考教参，设计出一节课，然后在别的班开始第一次试教，同年级组的数学老师对我进行了点评，然后我反思试教中遇到的问题，并进行调整。以此往复，试教五次，修改无数遍。在制作学习单时，因为一个点的问题，我需要一遍遍地调整学习单上的内容，不会设计学习单的我硬是逼着自己摸索；在课前导入，我反复琢磨，怎样才能更好地引导课题，吸引学生兴趣；课中问题如何推动，怎样提问才更精练，每一个环节如何体现以生为本的理念。经过千删万改，一节完整的课才呈现出来，第一次经历打磨课的过程，虽有不足，却付出很多。

平时我也比较注重学科融合，以科技制作《剪纸的艺术》为例，我会结合自己的数学教学特点，找到两门课的相通之处，然后进行实践。课前尝试剪纸，动手能力极差的我经过多次练习，也能剪出好看的图案。最终独自琢磨的一节课在视导中也获得好评，因此我多次蝉联校级教坛新秀的奖项，这为我以后走出去参加赛课奠定了一些基础。未来我争取不断地提高自身，为参加区级、市级赛课而努力。

每一颗耀眼的星星背后定有不为人知的秘密，看似星光灿烂，实则汗水盈盈。每一位成功的人背后定有数不清的汗水，科比的成功是因为他勤奋，他见过每天早上四点钟的洛杉矶；吴正宪老师的成功是因为她善于思考，不断学习，敢于对小学六年的课程进行创改，打造适合学生学习的教学模式；钟杰老师的成功是因为她勤勉，她坚持每天更新微信公众号上面的文章，为众多老师适时提出班级管理的技巧；等等。目前我所取得的成就只是暂时的，未来还有很长的路要走；目前所遇到的苦难也是暂时的，方法总比困难多，我相信只要持之以恒，我的星光会更加璀璨。"路漫漫其修远兮，吾将上下而求索！"

作者简介 王秀秀，女，湖北武汉人，武汉市光谷第九小学数学教师，先后担任班主任、工会组织委员等职务，曾获得区级五项全能竞赛三等奖，校级潜能杯二等奖，获得区级先进女职工、区级百优班主任、优秀党员、十佳班主任、校级月度人物等称号。

中小学一线教师评论 教师教学经验和治班心得人人都可以有，如何对自己已有的教育教学经验进行深刻的分析与反思，才是教师专业成长的关键。正如叶澜先生说：如果一个教师仅仅满足于获得经验而不对经验进行深入的思考，那么即使有20年的教学经验，也许只是一年工作的20次重复。王秀秀老师是一位非常善于从教育实践中反思，从而吸取经验的教坛新秀，善于把日常教育教学实践中自己的成功之处、不足之处和管理班级的微创新等随时记录下来，思考自己每一个教育细节中的得失，不断提升和完善自己的教育教学策略。她"上好课"和"治好班"是教师专业发展的起点。我们希望每一位年轻教师时刻认识到：教师的专业发展主阵地是课堂；教师的职业幸福感来源于班主任工作；教师的成长是一个不断负重前行的修炼过程。（饶家伟，武汉市光谷第九小学校长，中学高级教师，湖北省特级教师，首批楚天中小学教师校长卓越工程培养对象，武汉市东湖高新区"名师工作室"主持人）

高校教师评论 有很多教师有着写作的欲望，也写过一些作品，可是写着写着便没了耐心，没能像王秀秀老师一样有继续写下去的动力。作为教师的我们，在关注自己教学能力提升的同时，需要更多注意自己在教育教学时的态度与言行。

让教育叙事写作促进我们的反思，其实就是自我修炼。我们之所以在教育的路上越走越疲倦，是因为我们在行走的过程中被琐事迷住了心灵的眼睛。如果都能像王秀秀老师一样在每天结束后有意识地去反思一下今天的工作做得怎么样？我们才能发现教育的意义、价值，我们才能敬畏所从事的职业，才能有意识地提升我们的道德水准与精神境界。

王秀秀老师以学生为镜，反思平时的教育过程，时刻站在学生的角度审视教育问题，把学生当作真正意义上活生生的人，从生命的高度理解德育，真正体现人文关怀。当她帮助了一个孩子，便会感觉自己很伟大；当她解决了一个孩子的心理问题，便会感觉自己对孩子来说如同一个救世主。她与自己倾心交谈，在潜移转化中醇厚了思想的浓度，提升了教学生命的高度。她对关键的教学加以定格，存储了发展的能源；她对成功的案例加以提升，增长了实践的智慧；她对教育的失误加以剖析，发现了崭新的路径。如此，她也将进入一个日臻完美的专业发展境界。（余娟，教育学博士，湖北第二师范学院副教授，硕士研究生导师，《班主任之友》杂志编审，教育部综合实践活动实践基地终审专家）

做奔跑的自己　做最好的自己

（武汉市光谷汤逊湖学校　赵禄琪）

　　时光一去不复返，从教九载心悠悠。在教学方法上，经历了众里寻它千百度，蓦然回首，教书方法却在教育书籍处的过程；在育人上，经历了"有心栽花花不开，无心插柳柳成荫"的过程；在治班上，明白了"纸上得来终觉浅，绝知此事要躬行"的治班理念；在教学上，明白了"宝剑锋从磨砺出，梅花香自苦寒来"的道理。九年的工作经历，让我从一个青涩的"黄毛丫头"到从容淡定的"青年教师"，时间的沉淀让我的内心承受能力更强，经历的沉淀让我遇事更加沉着冷静。我从来没有忘记自己那份教书育人的初心，为此九年的辛勤工作让我收获很多育人的快乐；我从来不敢忘记"要给学生一杯水，教师应有一桶水"，为此我始终坚持学习，修炼自己，提升工作能力。

得遇人生导师，打下生命底色

📖 学院回忆

　　漫漫求学路，悠悠岁月情。我是09级汉语言文学班级的学生，我们班有六十多个学生，我的专业成绩并不是非常突出，但在专业学习当中受到很多老师的点拨和鼓励，这也让我对母校更加心存感激。

　　在我的印象中，不断点拨我的王宏林老师可谓是我的生命导师。她是我的辅导员，我们都亲切地称呼她为"王妈"。她不仅在学习方面不断地鼓励着我，更是在生活方面给予我无微不至的关怀。大学毕业后，每每接到王老师的召唤，我一定会克服万难，前往文学院帮忙。为此，我先后五年为文学院硒行志愿服务队的学弟学妹们做支教指导。无论是线上还是线下，我都在努力与她们分享我当教师的最新体会，就好像我上大学时王妈请来的一个又一个优秀的学长学姐一样。在她们的身上，我看到了未来努力的方向和希望，我也希望文学院的学弟学妹们能从我的身上看到未来的影子。

给我影响最深的还有说着一口超级标准普通话的陈欣老师，正因为她有着标准的普通话，激励我大学四年拼命练习普通话。工作以后我又抓住学校提供的普通话培训机会，苦练普通话，最终成为湖北省普通话优秀测试员，这是我大学时期一直渴望得到的荣誉，而如今已然梦想成真。

文学院还有我非常喜欢的教学技能课程的马英老师、优雅知性的董玲老师、风趣幽默的戴峰老师。文学院还设置了现代汉语课、古代汉语课、文学史课、写作课、语文教学技能课等，这些课程当时在学习的时候并没有感受到对自己有多么重要，但是现在回想，写作课提供的写作方法、汉语课和文学史课打下的解读文本的基础，以及普通话学习、逻辑学课程、心理学课程、教育学课程都对我现在的教学有很大帮助。大学四年的知识积累，为我工作后的专业成长打下了坚实的基础。

📖 行知往事

打开记忆的大门，行知往事历历在目。我是行知班第二届文科班学员，每每看到行知班老师的名字，我都万分激动。春风化雨般的田恒平老师、循循善诱的张和平老师、能言善辩的谭细龙老师、风趣幽默的吉静老师、和蔼可亲的万爱莲老师……他们用知识引导我打开做教师的大门，坚定了我做一名人民教师的决心，为我顺利走上教师岗位奠定了理论基础。

在这里我听到了很多专家讲座，特别是田恒平老师的班级管理讲座，影响我至今。田老师教我们要做一个智慧的班主任，不仅要乐于学习他人的智慧，还要善于借鉴他人的智慧，敢于创造自我智慧，并长于激发学生智慧。这四点深深地印在了我的心里，也在日后不断鼓励着我突破重围，超越自我。

在行知班，我还收获了很多友谊。同学们一起上课、一起练习普通话、一起做团体游戏、一起练习粉笔字……每天的早读和晚自习经历一度让我觉得自己回到了高中时代，令我无限怀念和向往。每次的说课训练、试讲训练，我们相互倾听并提建议，共同成长。毕业以后，我们或成为同事，或成为朋友，互通有无，相互鼓励、支持，甚为暖心。

如果说文学院的课程为我后期的专业成长铺上了一层底色，那么行知班的课程就是把这层底色变得更加厚重，并带给了我很多自信。从小到大我都是一个很内敛的孩子，胆子很小，不敢在公众场合说话，但在行知班不到一年的时间里，我获得了很多自信，自信地表达、自信地试讲、自信地回答问题等，这些技能的获得来自老师们的帮助。在行知班的学习也让我明白了一个道理，只要自己肯努力，以前没有学好的东西，还是可以弥补一些的。从行知班走出来以后，我坚持学习的意识非常强烈，这对现在的我都有很大的影响，让我时刻保持学习的状态。

初生牛犊不怕虎，不耻下问多学习

不辞辛苦，积极求教

初入职场，学校会安排新老师做很多杂事，我也不例外。写活动报道、拍照、整理资料、打印奖状……这看似和专业成长的关系不大，甚至还会占用很多时间，但是在能力范围内我都会尽量去做，通过做这些事情，我认识了学校的很多老师，也发现了他们身上很多优秀的品质都值得我学习。

这一年我努力站稳讲台，集中精力进行班级管理，只有把班级管好了，再开展其他活动时会更加顺利。在专业成长方面，我积极研读教材，跟着自己的师父多学习。我常常走进她们的课堂，学习处理教材的方式、学习课堂管理的方式，还会走进其他老师的课堂，多观察、多琢磨。

我的第一任师父李爱珍老师对我的影响最为深刻。她是一个细心耐心并且极有爱心的语文老师和班主任，这些年我的带班风格无不向她靠拢。在班级管理方面，师父教我要关注细节，特别是她每个星期都会定期检查学生的手指甲、头发和衣服，这些深深影响着我。为此我每带一个新的班级，一定会把这些细节方面的要求传达给学生和家长，尤其是我常年带低年级，这些好习惯一直延续至今，也受到了家长的好评。在教学方面，师父教我要关注学生的学习习惯，书写要干净整洁，书角不能折等，这些好习惯的培养我也在践行。

我的师父还有方卫老师，她是小古文研究专家，也深深地影响着我。每次需要上比赛课我都会积极请教她。在她的指导下，我的课堂面貌焕然一新，课堂把控能力获得了很大的进步。方卫老师特别细心，每次指导我上课都会先与我一起构思课堂思路，然后再一句句教我说课堂语言，最后再一遍遍地看我试教，指导我一遍遍修改教案和课件，让我变得更加自信。

📖 南来北往，跟随名师

作为一名新教师，需要不断参加各类培训来提升个人的业务能力。学校经常提供培训机会，每次我都积极报名参加。除了这些官方培训，我还会走南闯北，跟随我喜欢的名师去学习。

在学校的组织下，除了在武汉市内培训，我先后前往我国香港、南京、杭州、北京、深圳、宜昌、红安以及新加坡等城市参加学科培训、班主任培训或研学活动，这些经历也让我结识了来自五湖四海的专家和名师。通过所学所得，我也在班级开展小研究。比如，班币的使用、班级危机事务的处理、如何赢得家长的支持等，这些班级管理的方法慢慢运用到班级中，也成了我一次次获得学校优秀班主任的有力支持。

除此以外，我先后自费去海南万宁、北京水长城、山东潍坊、浙江台州、四川成都、广州佛山等地参加吟诵培训和经典素读培训。我跟着海量阅读创始人韩兴娥老师学习海量阅读、跟着经典素读创始人陈琴老师学习素读，在这个过程中我结识了有着相同兴趣的老师们，并相互切磋，共同进步。

而在我学习的过程中，我遇到了职业生涯的重要引路人。武汉市东湖高新区教育发展研究院舒晓辉老师的班级管理事迹深深鼓励着我；武汉市优秀班主任余婧老师的班级管理故事深深感染者我；湖北省特级教师肖盛怀老师的班级管理讲座更是对我产生了直接的影响，从此我一路跟着肖老师的团队学习，参加草根班主任年会，并成为其中的一员。

所谓磨刀不误砍柴工，通过一次次的学习我发现自身有很多不足，我更加努力向名师学习、向专家靠近，开始研究自己的课堂教学和班级管理模式。

敢想敢做正青春，脚踏实地勇创新

📖 打造特色课程，坚守初心不退缩

通过几年的摸爬滚打，我对学校的各部门、各领导和各个常规活动都比较熟悉了，于是我不断调整自己的工作节奏，有方向地去努力。在一次学科培训中，我接触到了吟诵，从此对它的学习一发不可收拾。

我积极跟随徐健顺老师、陈琴老师、薛瑞萍老师学习吟诵，并把这种诵读方式教给了我的学生。我们班的国学经典课程采用的是"7+1"模式，"7"代表7个时间段，即早读、每天除了数学课的其他5节课的课前三分钟、路队时间，这七个时间段诵读国学经典。"1"代表每周一节国学课，我们依托教育局下发的《国学经典》《朝读经典》《走进中华传统文化》，并结合班本课程《我爱吟诵》，或看视频学习，或表演经典故事，或进行吟诵大餐，或进行歌诀乐读。

每年我班积极参加学校樱花读书节，从课本剧《亡羊补牢》到经典诵读串烧《三百千》、从课本剧《三味书屋》到情景剧《森林诗会》，每次的精彩亮相都获得了大家的认可，并荣获校级"一等奖"。2016年12月，在汉港研学的活动中，在香港马鞍山循道卫理小学展示演诵节目《弟子规》，获得好评！

每年班级积极参加国文国风演诵大赛，从《木兰辞》到《明日歌》、从《诗经·卫风·木瓜》到《书中自有强国梦》，每次都取得可喜的成绩。除了这些活动，班级特色活动也如雨后春笋般涌现出来。以2017至2018学年为例，为了更好地展示孩子们所学，我班学生分别于2017年12月和2018年6月进行班级经典诵读汇报演出，并邀请家长和校领导来观摩。演出舞台上，《千字文》《百家姓》《弟子规》《三字经》等整本经典育读声在会场荡漾。孩子们的小脑袋瓜像一口井，装了一部又一部。原本不太了解经典诵读的家长在观摩了经典诵读活动后，开始积极配合学校，与孩子一起诵读经典，有效提升了我班协同育人的实效。

2018年5月，在家长的组织下，我班孩子去黄鹤楼研学，访黄鹤古迹，品古诗古韵。我们来到了黄鹤楼脚下，听专业导游讲解黄鹤楼的历史，进入大厅观看壁画，由于我在班里提前教学生学习了有关黄鹤楼的10首古诗，为此很多孩子看到壁画上的诗人姓名，就能背出古诗，很多游客赞叹不已。站在黄鹤楼上，同学们俯瞰长江，惊叹不已。除了了解黄鹤楼，我们还在这里进行了古诗背诵比赛，几十首古诗一一被背诵出来，《老子》《大学》《声律启蒙》选段也被很多孩子背诵出来。围观的游客驻足停留，还有一些其他学校的小朋友也加入我们的队伍中来，和我们班的孩子同台演出，有力地展示宣传了光谷学子的良好素养和风貌。

经典育人系列课程不仅让孩子们习得了中华优秀传统文化知识，也在这个过程中让孩子们慢慢明事理、和谦让、懂谦卑。

📖 开发融合课例，坚定信念勇作为

新时代新机遇，信息技术不断发展，教育信息化成为一个时代名词，信息技术与教学融合成为我们的教学常态。我所在的学校信息化教学一直走在武汉市的前沿，看着身边一个个老师因为信息化教学获得了很多荣誉，我的内心也受到了触动。为此学校每每有信息化培训的时候我都会积极向来培训的老师请教，并积极参加信息化大赛。

从 2014 年开始，我参加了"一师一优课"比赛，然而并没有什么收获。我积极向同伴请教学习，2015 年《这条小鱼在乎》获得区级优课，给了我莫大的鼓励。于是我开始主动学习信息化技术在教学中的应用，2016 年在区教育技术能力大赛中，教学设计《数星星的孩子》获得二等奖；2017 年课件《守信》获得二等奖、《聪明的徐文长》获得区级优课。

此时我慢慢爱上了信息技术融合课研究，但我参加的信息化培训已经无法满足我的个性化需求，我决定自主探究。

2018 年，我又一次报名参加了"一师一优课、一课一名师"的活动，通过武汉教育云，我积极学习"一师一优课"平台上的优秀课例。通过几个月的自主学习，我浏览了几百节课，小有收获。这次和往年参赛不同，我克服了心理恐惧，主动用平板教学。该怎么教一年级小朋友使用平板呢？我积极向身边同事请教，并联系平板培训师，请她来教我上课。在多次尝试以后，我终于可以独立地完成一节平板课的教授了。为了让这节课能够更加精彩，我邀请学校的名师帮我打磨教案和课堂细节，邀请学校领导进班听课指导。我充分使用信息化手段和小组合作学习方式，这节课在 2018 年"一师一优课"比赛中一举获得部级优课，后来在其他比赛中也纷纷获奖。

学，然后知不足。虽然我会使用信息技术上课，但如何实现信息技术与古诗文经典的高度融合呢？我开始了一系列摸索。最后录像课《司马光》在 2019 年获得区优，在信息技术整合课例评选中获得区一等奖并被推荐参加市级比赛，在 2020 年湖北省教育教学信息化交流展示中获得融合创新案例二等奖。2020 年 9 月我制作的微课在武汉教育学会举办的微课大赛中获得一等奖。

2021 年，我有幸被选为湖北省小学语文数字资源优秀案例开发教师。我积极参加课例研究，《秋天的雨》被评为优秀课例。在 2021 年的区信息技术整合课比赛中，我执教的《雷雨》获得区一等奖。2021 年，我执教的精品课《荷花》获得省级一等奖。

📖 录制"空中课堂"，坚定不移渡难关

2020 年新冠疫情期间，接到教发院的录课邀请，我义无反顾地化身线上教学主播。虽然当时已经身怀六甲，但在梁忠主任和抗疫复学小分队的共同努力下，我坚持录制了 7 节区级网课和 1 节市级网课。市级网课在 2020 年 4 月 1 日于武汉广播电视台少儿

频道播出。我从最初的忐忑不安，不知道如何录课，到最后的精心设置课程，游刃有余地录课，这中间不知经历了多少个日日夜夜的摸索和学习。但在抗疫复学的关键时期能够出一份力，我觉得尤为自豪。在为全区1000多名小朋友上网课的时候，我致力于好习惯研究，开发的课例在2021年中小学信息技术创新与实践活动中获得"融合应用奖"。

从挺着大肚子上网课到宝宝出生，我一直致力于信息化应用，虽然我的身体会有些不适，但是对信息技术的热爱让我乐而忘忧。

📖 建设网络空间，坚如磐石共成长

作为一名班主任，做好班级管理尤为重要。为了实现家校更加紧密的沟通，从2017年开始，我开始探索武汉教育云教师个人空间、班级空间和学生空间建设。我带领全班家长开展信息化应用，利用武汉教育云旗下的人人通空间开展了丰富多彩的活动。通过各类信息技术，在班级开展了如火如荼的国学活动，我们的节目登上了湖北少儿春晚。班级活动被武汉教育电视台进行了采访，且我的课例在2019年全国NOC班主任信息化技能大赛中获得一等奖、教育云空间在市教育云三优比赛中获得一等奖。

2020年新冠疫情期间，我带领学生充分利用武汉教育云开展班级活动。通过人人通空间组建小组，实现小组自我管理，相互督促学习。推送家长课堂，指导育子方向。每周及时奖励，积分助兴学习。最终我的教育云空间在区教育云三优比赛中获得区空间类一等奖。

五年的教育云空间创建，500多篇教育随笔，200多名学生家长的积极使用，我收获了成长，家校关系也更加融洽，这一切看起来都那么美好。

初心不忘而渡人，道身修炼而渡己

奥维德曾说："忍耐和坚持虽是痛苦的事情，但却能渐渐地为你带来好处。"工作八年，我已没有了往日的满腔热血，但我始终告诉自己，我是一名人民教师，始终保持对工作的认真执着。回首这两千多个日子，一幕幕难忘的画面在脑海中反复出现，其中那个叫"马小跳"的孩子的故事至今让我记忆犹新，他的出现拓宽了我做班主任的育人视野。

还记得那是我工作的第一年，站上三尺讲台，紧张又忐忑。一听到"马小跳"这

个名字，很多人会以为这是作家杨红樱笔下的"淘气包"，最初我也是这么以为的，但这个"马小跳"是班上一个爱跳又爱哭的孩子。这位"马小跳"同学，无论是笑，还是哭，还是走路，都和别人不一样，总是喜欢蹦蹦跳跳。"马小跳"是全班同学为他取的"雅号"，这个既爱跳又爱哭的孩子一旦哭起来，气势可谓撼天震地，边哭边蹦，是一个十足的"马小跳"。

📖 不信任的抗拒——边哭边跳

新学期开学时，作为新任班主任的我对班级情况还不熟悉，但第一天就被"马小跳"的哭相给吓到了。那天上午，一群孩子前拥后挤地跑到办公室报告有同学哭了，我赶紧跑进教室去询问情况。原来是两个孩子发生了一点小争执，在了解了事情原委后，我一边安慰那个号啕大哭的孩子，一边和另外一个孩子讲道理，希望他赶紧道歉。可是丝毫没有任何成效，那个大哭的孩子看看我，不仅没有停止哭，反而边哭边跳，哭泣的声音更大了。此时的我手足无措，急得像热锅上的蚂蚁，生怕那个爱哭的孩子出点什么事，因为他哭得满脸通红，眼睛也红了。直到上课铃声响了，科任老师走进教室开始上课的时候，他才停止哭泣。

第一次遇到这样的事，我顿时吓了一身冷汗，从来没见过哪个孩子这样哭泣。事后，我无意中从其他孩子口中得知，他就是大家眼中的"马小跳"。他之所以被大家叫作"马小跳"，一是因为他姓"马"；二是因为他特别喜欢哭鼻子，而且是边哭边跳；三是因为他平时开心的时候也特别喜欢蹦蹦跳跳的。看来，这个雅号对他来说就像量身定做的一样。

通过这件事，我明显地感受到"马小跳"对我十分不信任，可能是因为我刚来这个班，他不了解我，也无法从我身上得到安全感，也许这就是他哭泣得更厉害的原因吧！

📖 半信任的接受——低声哭泣

还有一次，"马小跳"的嘴巴不小心磕了一下，他以为牙齿掉了，又开始大哭起来，边哭边跳。我轻轻地摸了摸他的头，对他说张大嘴巴，我仔细看了看，牙齿还在，只是牙龈磕破了点皮。我安慰他说只是破了点皮，别怕，很快就会好的，要想不流血就赶紧去卫生间漱口。这次比上次好一点，他有点信任我了，哭的声音慢慢降低，一边小声哭泣，一边乖乖地按照我的要求去做了。

放学后，我把这件事与他的妈妈进行了交流，并希望他妈妈回家和孩子沟通沟通，遇到事情学会用语言表达，不要一味地哭。他的妈妈点点头，并表示孩子性子比较急，从小就这样，她也希望孩子以后有所改变。

这次的事情让我对"马小跳"有了新的认识，我想我和他的关系也许从此就会有转变了。

📖 全信任的托付——又哭又笑

事隔不久，他又哭了，这一次哭足见"马小跳"哭的本事。

那天早读，他因为忘记带语文课本，怕被语文老师批评，于是从早读哭到第一节课结束，足足哭了一个多小时。在这中间，科任老师劝说、同学把自己的语文书借给他看都不管用。直到下课时，老师告诉他："今天没有语文课了，你不用哭了，老师也不会因为你没带语文书批评你。"他当时竟害羞地笑了。

通过这件事，我再次与他妈妈深度沟通，得知这个孩子胆子很小，很怕老师批评他。有几次他不敢交作业，不敢把自己画的作品交给老师，就是因为担心老师说他字写得不好看、画画得丑。他遇到不会处理的事情大哭也是为了引起老师的注意，有时怕被批评，他就会用哭来掩饰自己的错误。

了解到这些情况后，我开始给予他更多的关心与帮助。当他犯了小错误时，我不会立刻批评和责怪他，而是给予正确的引导，我试着摸摸他的头、拍拍他的肩或者对他笑一笑。渐渐地，爱哭的"马小跳"哭的次数少了，学习的积极性高了，上课听讲认真的次数也多了，偶尔也鼓起勇气回答问题了，写作业也很认真，不再像之前那么犹豫、那么磨蹭，作业写完立即找老师批阅，并让老师帮他找出错误的地方。改掉了不好习惯的他进步很快，并且常常得到老师的鼓励和夸奖。因为老师的表扬，"马小跳"每天跳得更高了，不过现在他哭泣的频率没有那么多了。有了对我的信任，这个孩子不再哭着跳了，而是开心地笑着跳。

📖 "淘气包"们笑了——我也笑了

工作这些年，我遇到很多类似"马小跳"这样的孩子，他们非常敏感，老师的一个眼神都会影响他们的行为。当他们犯了错误之后，因为不知道如何面对，就会用一些异样的行为去掩饰自己。有的孩子会哭，有的孩子会低声不语，保持沉默，还有的孩子会在上课的时候做一些小动作等。一开始我都认为这样的孩子是"问题"孩子。现在回头看看，那个因父母离异跟着奶奶一起生活而沉默不语，但喜欢在课堂上捣乱的彬彬，我多次去他家家访，期待给这个孩子更多的温暖，但似乎有点杯水车薪。只与他相处一年的时间，似乎并没有给他很多触动，但是我的脑海里仍然记得他笑着的灿烂表情。我想起那个因为身体原因需要吃药而产生副作用，偶尔会哼哼唧唧或者大叫的小波，因为对他的情况疏于了解，他每次无缘无故打骂同学时，起初我的行为并未给他很好的引导，还好我和他最后的相处在一定程度上转变了这个孩子极端的性格，无论他对别人如何，却总是记得对我笑……还有很多这样特殊的孩子，后来的我渐渐明白了，每个孩子都有自己的特殊性，我不能同类而比，整齐划一。这两年我先后遇到了学习具有严重困难的小涵和小昊，他们在学校里也总是做出另类表现，但我试着接受他们父母的建议，学习尽力而为，不逼迫、不强制，尽力帮助他们发挥自己的长处，尽力引导他们的行为，多去抱一抱这样的孩子，他们的脸上会出现更多的笑容。

"淘气包"们笑了，在我的感化下他们的内心不再有那么多恐惧，我深深地感受到了我的情绪对孩子的影响。在这一年又一年的带班过程中，我也开始学习管理自我情绪，用眼神和表情去"关爱"更多的孩子，宽慰他们敏感的心。慢慢地我发现，一个个"淘气包"们与我更亲近了，虽然他们还是会时不时地做一些小动作，犯一些小错误，但我认为这都是小打小闹，他们都是我眼中可爱的孩子。

"淘气包"们笑了，我也笑了，我们共同的笑脸让我们的身心更加阳光和美好。德育是无止境的，它不是知识的简单叠加、方法的重复，而是文化的积淀、方法的创新。真正的德育应包含智慧之爱，正如雅斯贝尔斯所说："教育是人的灵魂的教育，而非理智知识和认识的堆积。"德育本身就意味着：一棵树摇动另一棵树、一朵云推动另一朵云、一个灵魂唤醒另一个灵魂。在未来教书育人的道路上，我会继续为每个学生创造和谐愉悦的教育氛围，让德育在和谐中焕发无穷的魅力！

笔耕不辍学做研究，总结反思砥砺前行

📖 参加课题研究

这些年我坚持给家长写信，建立班级微信公众号，在武汉教育云平台上发布教育文章，累计字数超过几十万字。记录已经成为我的常态，即使寒暑假，我都在坚持。2019年我加入肖盛怀工作室，坚持每周一文，不断地学习和反思让我做事更加有条理，让我前进努力的方向更加明确。

在多年的教育教学实践中，我不断积累，写了一篇篇文章、一个个案例，并积极

参加课题研究。这两年，我撰写的论文在第十六届"教育技术理论与实践"论文活动中获得一等奖。我在省级期刊《今古文创》上发表了论文《基于小学低段语文的"素读"经典策略初探》。2021年，《素读经典在小学低段立德树人实践中的应用研究策略初探》在湖北省德育论文评比中获得省级二等奖。

此外，我积极参加课题研究，参加的省级课题"中华传统经典教育的现代化研究"的子课题"基于生态理念下的'小古文'校本课程开发与实践研究"顺利结题。个人区级课题"'素读'经典所能解决的小学低年段母语教学问题研究"顺利结题。参加的省级课题"新课程背景下语感教学理论与实践的区域推进研究"子课题"基于生态教育的小学高段语言教学策略研究"顺利结题。

通过不断地实践、探索，当教育教学理论一次次得到验证，当我遇到的难题在一次次培训学习中得到解决，我再一次感受到知识的力量，这也愈发让我感觉到读书的重要性。而通过一篇篇文章的撰写和一个个课题研究，我不断反思自己的教育教学工作。我一次次发现，我的工作并不是重复性的枯燥的工作，而是充满挑战和变动的工作，我需要面对错综复杂的个性化问题，还需要平衡工作和家庭的关系，更要关心自我的发展。

分享心得体会

专家讲座中总会听到这样一个词，那就是作家格拉德威尔在《异类》一书中提到的一万小时定律，大概意思是我们在一个领域努力一万小时就可以成为这个领域的专家，而我也一直坚信这个观点。每每参加培训，听到专家名师们的分享，我总是心潮澎湃，同时也在不断探索实践。正因为自己的不断努力，如今我也受邀为其他老师做分享。

2016年是我工作的第四年，也是我进行工作经验总结和反思最多的一年。从2016年开始，我先后在光谷四小做了《激情岁月正当时　不待扬鞭自奋蹄》《也是风雨也是情》《做一个有个性的老师》的报告，与校内老师们分享个人发展和班级管理的点点滴滴。

2016年，在东湖高新区新进教师培训会上，我做了《不忘初心　方能始终》的分享，与高新区新进教师交流个人发展的心路历程。也是从2016年开始，我被湖北第二师范学院教师素质训练中心聘为授课教师兼教师职业技能实训导师，每年受邀到行知班对小学语文学科的老师们进行说课和试讲训练。2016年开始，我每年到文学院硒行志愿服务队为即将支教的大学生做课堂教学指导和班级管理指导。

2017年1月，我参加光谷四小"第六届班主任育人艺术论坛"，获得好评；2018年3月，我的班级故事先后在《新班主任》杂志社创建的"致敬班主任"微信公众号和"光谷四小"微信公众号里推送。2019年8月，我应邀参加学创教育优秀课程师暑期集训营，为学创教育全国各地办事处的骨干课程师做了信息化应用报告。2019年至2020年在光谷二十八小交流期间，我同班主任们分享了自己的班级管理心得《从小处着手》，为语文老师们做了《小组合作云上读　互助分享共成长》的分享。

因为我在信息化探索方面的出色表现，2020年我被评为学校的信息化使用能手，又被推荐为区光融专家。我应邀到华科附小和光谷八小为老师们进行信息化融合的课例分享。2021年7月我参加草根班主任年会，并做了《开发版本课程　打造特色班级》的分享。2021年10月，我在光谷汤逊湖学校做了人人通培训信息化报告。2022年，我受邀到汉南区育才二小做了《我的班级文化实践》的分享，为新进老师们讲述我的班级文化是如何构建的。

每次的分享都能让我在总结中获得成就感，在反思中找到不足。为了分享，我必须把自己做的事情进行归纳总结，还要寻找理论支持，同时还要去查询更多的资料，学习其他老师的优秀做法。这个过程促使我发现自己的工作还有很多地方需要提升和改进，也进一步指导我深入实践做研究，使我在专业成长的道路上越走越远。

教书是一场修行，每一个你喜欢的学生、每一个你讨厌的学生、每一个喜欢你的学生、每一个讨厌你的学生，无论是孺子可教，抑或是朽木不可雕，无论是爱屋及乌，抑或是恨铁不成钢，他们都是你教书生涯中的一段经历，他们都在"帮助"你不断成长，不断完善自己。这些经历让我不断反思自己、提升自己。面对新时代的教育难题和教育热点，即使我是一名有了一定工作经验的教师，也一直不敢懈怠。活到老，学到老，做奔跑的自己，做最好的自己，成长的路上，我从未停止努力。

作者简介　赵禄琪，女，华师一光谷汤逊湖学校语文教师，东湖高新区"优秀青年教师""百优班主任""优秀教工团干""先进女职工"。湖北省普通话优秀测试员，国家三级心理咨询师。所带班级曾获"全国班级文化先进班集体"和"区级先进班集体"称号。2018年获得"部级"优课，2019年获得全国NOC班主任信息化技能大赛现场说课一等奖，2021年获得省级精品课一等奖，多篇文章或获奖或在报纸杂志上发表，指导学生多次在楚才作文和帅作文比赛中获奖并在报纸杂志上发表。

中小学一线教师评论 赵禄琪老师专业成长的关键因素有以下几点：一是积极参加培训学习，且很多都是自费学习。二是敢于实践，行动是成长的先决条件，也是改变的开始。三是专家引领，跟随名师或者名师团队，取百家所长。四是坚持教育写作，从教育叙事着手，然后到课题论文，水到渠成，形成自己的经验成果。当然这些努力都源自赵老师对教师职业的热爱，以及内心的感恩之情，这是她职业发展的内驱力。同时在她取得成绩后，各方面对她的认可，也是激励她继续前行的动力。于是，她生活在一个美好的教育生态中，她已经逐渐开始享受职业幸福。这是我们希望看到的理想的教育生态。（肖盛怀，仙桃市杨林尾二中教师，湖北省特级教师，湖北省首届十大新锐班主任，中国民主同盟盟员）

高校教师评论 "边学边教，以学促教，以教导学"是赵禄琪老师专业成长的秘籍。大学期间，认真学习专业知识，奠定了学科基础；行知班期间，认真学习教学技能，奠定了职业基础；初为人师，虚心向同行学习，适应了教学；站稳讲台后，努力向先进学习，使自己变得优秀；竞赛中广泛学习，使自己变得卓越；学技巧，学技术，使自我变得通达；学反思，学写作，使自我变得灵秀。赵禄琪老师把"教学"经历变成了"学教"历程，把"教育"生涯活成了"育教"人生。我想，赵老师的学习并不辛苦，因为总伴随着收获的喜悦，赵老师的学习将永无止境，因为总充满事业的渴求，这样的成长是必需，这样的优秀是必然。胸怀梦想，志存高远，一心向学，一起向未来。（田恒平，博士，教授，湖北第二师范学院教务处处长，华中师范大学博士生导师，湖北名师，省政府专项津贴享受者，教育部国培专家，师范专业认证专家）

心之所向　身之所往

我的求学之路

📖 启蒙

与教师结缘还得忆回高中。鲁老师是位儒雅、睿智、待人柔和的体育教师，说话总是慢条斯理、循循善诱，让人不自觉想与他亲近。他的温柔卸掉了我的防备，我与他诉说我的人生故事与迷茫，睿智的他很懂那个年龄段的我们，总能巧妙地给出人生建议和学习鼓励；专业素养高的他对训练方法和教学方式很有一套，我训练上的苦恼逃不过他的火眼金睛，稍加点拨，我就有如神助，醍醐灌顶。那些发着光的时刻铸就了内心喜悦与安定，因为敬佩而想成为他！

📖 进化

2009年我如愿进入湖北第二师范学院，开启了一位体育教师的锻造之旅。高中升入大学，有个阶段很不适应，从慌忙到闲适、从外界助推到无人问津、从简单唯一到丰富多元，一切的变化让那个紧绷慌忙的我有些怀疑和茫然无措。但好奇心和发展欲在无意识地推着我，我想好了"打破"自己，怀着一颗不怕受伤和挫折的心，勇敢地去经历、去感受大学阶段的各种人际互动与课内外活动。我积极参加各项活动，主动承担院学生会干部、校志愿者、校网球校队队员、艺术体操专项队队长等角色，全情投入，真诚面对，以现实的目标和让身边人舒服为原则，感悟自己、调整自己、锻炼自己发现问题与解决问题的能力，让自己站在不同的角度看问题，认识到世界的丰富多彩。我认真感悟名师的魅力，在谭清芳老师身上学到了求真务实、在熊冰老师身上学到了灵动亲切、在尹开宁老师身上学到了专业谦逊。学业上不怕艰辛，苦练专业技能，在院系老师的指导下认真对待自己的优缺点，以赛代练，勤学苦练，体会高光时刻；对身边人热情大方，在广交友与深交友中发现自己性格的优缺点，在互动与尝试中找到成长点，学会让自己舒服，让身边人舒服。深感只要去认真体会，时光总会在你生命里留下些什么。挑战自己，胜就是大胜！

📖 升华

2012 年，在"楚才园"食堂门口看到湖北二师行知班招聘信息，那一幕至今记忆犹新，我仿佛被击中了，这不就是助力器吗？我毫不犹豫地带着"经历就是财富"的心态报名参与，经过一轮、二轮的筛选有幸被选入行知班学习。

行知班是个神奇的地方，在那里学习成长，我获益良多。眼看同学们的才华横溢而积极努力，耳听老师的教育真谛和教学前沿知识而如获珍宝，深感行知班师生的关爱与帮助而心存感激，心悟行知班创建团队为学生教师生涯设计而用心良苦。每一个细小之处都体现了对每一个生命个体发展与需求的尊重，为做教育的人创设了一个让他们学习方便且求知容易的环境，提供最权威最核心的资源内容，通过环境和活动的刺激让学生自主自发地为自我发展负责，主动且顺其自然地成为一个更好的人，为能成为一个更好的教师努力奔跑着，我就像海绵一样拼命地吸收显性和隐性的知识。

每天早上 6 点到晚上 9 点我们争分夺秒，奋力地奔跑着，为写一手好字、讲好一个故事、画好一幅简笔画、练好一个身段、把握好一则礼仪修炼着，上课、听讲座、做展示、写感悟，充实而满足，只觉未来触手可得，每天都热烈笃信地活着。学高身正、谦虚有爱的全武汉市优秀老师们让我们明白了教师之路上的各种"阻碍"与"幸福"，但更多的是想成为和他们一样经受住历练的优秀的人。

入教职，且行且思

📖 困惑与解惑

2013 年我考上教师编制，成了武汉经济技术开发区三角湖小学专职体育教师，我带着满腔的热情，准备在自己的教师生涯中书写自己的理想人生。我希望自己的课堂欢乐、民主、互助，学生学有所获。在院系学习和行知班的培养下我成了一个很懂教学设计原则的老师，但一开始我却读不懂孩子，我的语言方式使我走不近她们，甚至怕学生，课堂上我犹如一副躯壳，在学生面前自说自话。教学设计时，我在意每一个细节，环节环环相扣，语言句句提前预设，但在上课过程中还是无法与学生亲近起来，学生被我拉着拖着走，虽然设计很精美，但无法取得良好的教学效果。那种被困住的感觉很难受，是什么导致效果不好的？我开始分析与思考，是否是我的语音语调不够抑扬顿挫、我的语言文字不够孩子气、我的教学设计考虑得不够全面等问题。在纠结和困扰下，我大量学习儿童心理学相关的书籍与课程，从理性层面去认知孩子的特性，在实践中感性地体会知识的实效性，我开始刻意训练，分项目依次各个击破，通过演讲和讲故事去感知语言微变化对孩子的影响，体会语言的艺术；通过反复上课去了解教材和学生的特点，并用发展技能与保护心灵的价值取向去对待每一次的教学互动，有意识地通过控制各种变量去检验方法的有效性。希望通过理解自己、看懂自己来理解孩子，看懂每一个孩子是我不断努力去达成的目标。

熟悉工作后，我大量地尝试不同的教材内容，按照单元教学的形式去完成教学，在教学模式下检验学生的学习成效，以教学内容为导向让学生喜欢我的趣味课堂，孩子们脸上洋溢着的不是简单的笑而是对课堂的尊重感和成长的获得感。

📖 深度解构教与学

为了更深入地研究和解剖课堂，2014年学校"十二五"重点课题《小学体音美评价研究》立项，我在这个大课题的背景下申报了个人课题《小学体育课堂教学评价研究：以三角湖小学水平一学生为例》，并成功立项。

体育新课程标准强调学习评价是促进学生发展的评价，十分重视对学生体育学习情况的综合评价，在评价学生体能、运动技能与知识的同时，还重视评价学生的学习态度、情意表现与合作精神、健康行为等，并且更多地发挥评价的反馈、导向、激励和改进功能，通过定性评价与定量评价相结合、相对性评价与绝对性评价相结合、过程性评价与终结性评价相结合，达到促进学生发展的目的。反观三角湖小学体育学习评价，仅在学期末对学生体能和运动技能进行了考核。评价内容、方式单一，体现的是评价的诊断功能，没有充分发挥评价的教育功能，不能很好地促进学生发展。在这样的背景下，我开始以水平一学生为研究对象，探索符合体育新课程标准要求的水平一学生体育课堂教学评价。

通过研究形成了以下三个方面的成果。我梳理了具有三角湖小学水平一学生体育课堂教学特性的评价体系，主要从评价目标、评价内容、参考标准、评价方式和评价主体五个维度来考虑。评价目标，考虑国家层面的促学生发展和学校层面的学生培养目标，培养健康、灵动、安雅的阳光少年。评价内容要体现综合评价，我分成体能、运动技能与知识以及学习态度、情意表现与合作精神及健康行为三个板块来开展评价研究。以促进学生发展为指导，在实践中探索并研制了相应的评价标准和方法。

第一块是体能评价。首先选择测试内容，结合水平—学生体能发展的敏感期和国家体质健康测试的内容，选用学生最容易增强的体能素质内容，确立了50米跑、1分钟跳短绳 、坐位体前屈三项来监测实践效果。其次，选择评价方法。我选择的是进阶法，切中学生的最近发展区，促进学生实现螺旋式的可持续发展。改进学校仅期末考核的方式，采用一月一测试的方式进行考核。测试成绩依据《国家学生体质健康测试标准》确定优秀、良好、及格和不及格，分别对应3积分、2积分、1积分、0积分。第一次测试，学生获起点积分。第二次测试，学生成绩晋级几个等级，在成绩积分上再加晋级等级的进步积分。关注学生的进步空间，发挥评价的反馈和激励功能。

第二块是运动技能与知识评价。水平—体育与健康学习内容体操类占比大，这里的运动技能主要是指体操类活动展现出的能力。学生规定动作展示，教师和小组长依据记录评价表，随堂测试指导学生改进，期末测试检测学生学习效果，充分体现评价的反馈和改进功能。知识强调实用性，主要是指要掌握的健康知识、安全活动及动作技术要点等。这些知识学习都贯穿在平时的教学中，采用知识竞赛、笔纸测试的方式来评价。

第三块是学习态度、情意表现与合作精神、健康行为的评价。依据新课程对概念的定义，根据水平—体育课堂教学真实情景的需要，多次与学生商议，将比较主观的判断变成我们认可的客观标准，形成了体育课堂学习习惯积分评价标准。学生和教师明晰标准后，在课堂中，学生自省、同伴提醒、小组长和教师口头表扬或根据积分奖罚；并依据累积积分评月度、季度"闪亮超星星"，积分高者获胜，充分体现了评价的反馈、导向、激励和改进的功能。

以上三个板块的评价，学生所获得的积分，每5个积分兑换一枚三角湖小学特有的黄色水精灵，以此与学校的水精灵评价体系相联系。

总结实践研究，我提炼了两种评价策略。

一是正向激励法。以积极心理学为导向，提倡正面教育，多鼓励多表扬学生的正面行为。利用激励性评价语言来引导学生克服畏难心理，完成学习目标。学习花样跳绳时，有个孩子会很多花样，我请他上来展示，但尝试了好几次都没有成功，于是同学们开始起哄。我见状说："同学之间应该互相鼓励，你们给他加油鼓劲，说不定马上就能成功了。"在一阵阵加油声中，那名同学果然成功了。

二是目标导向法。以课堂目标为导向，用精练准确的语言评价。在一次练习折返跑时，很多同学都偷懒，不按要求做。我发现是每个孩子的能力不一样，就告诉他们："能力强的跑最远一根线，能力一般的跑中间这根线，弱一点的跑最近的线。你们自己判断自己跑。"没想到，所有的孩子都选择中间那线。第三次练习前，我又换个说法："跑最远一根线的同学得 100 分，跑中间线的 80 分，跑最近线的 60 分。"结果大多数同学都尽力跑到 100 分的线上。

我体会到，从课堂真实问题出发，在研究中对课堂理解更深、对孩子感知更透，学习更多符合学生心理需求和教育规律的方式方法来应对课堂教学中出现的各种问题，以评促教、以评促学，可以让课堂效果更佳，效率更高。

通过课题研究，助推了学生体质健康水平的提升，学生都比较认可、喜欢这样的方式，学生的课堂表现得到了改善，促推了教师专业发展。该课题获区级个人课题一等奖，本人撰写的论文在各项论文评比赛事中获奖，并在国家级和省级刊物上发表。

2016 年个人课题结题，但教育教学研究没停，后来我继续参与校级武汉市规划办重点课题研究，以 A 类课题结题。2019 年，开发区举办教育科研总结大会，从全区教师中遴选了 7 名教师参加现场展示，我有幸向全区三百多名教师分享有效帮助小学生提高体育学习效果的方法。会后相关信息被武汉教育电视台、长江日报、武汉晚报、搜狐网、环京津网争相报道。课题研究，增进了我对体育教学的理性思考，提升了思维品质，学会了从实践中总结理论，在理论中提炼实践的方法。

信息时代的教学改革

在实施《教育信息化 2.0 行动计划》的背景下，全国积极推进"互联网＋教育"。2020 年我参加了市区一体的小学信息技术与学科整合教学优质课竞赛，在专家和团队老师的指导和帮助下，我明白了信息技术整合课有三个主要目标：一是培养学生的信息素养，二是转变教学观念与学习方式，三是提高教学质量和效率。最终我确立以水平二四年级体操技巧动作跪跳起为教学内容。

我们是怎么整合的呢？以移动互联网学习终端为载体、以武汉教育云平台为支撑，努力探索基于武汉教育云平台的体育课堂教学与信息技术整合教学实践方式，重构体育课堂教学的学习过程，进一步优化传统的体育课堂教学。积极探索武汉教育云平台下的体育课堂教学模式，促进体育课堂教学的结构性变革，使课堂教学从深度与广度、时空与领域上得到有效地拓展，从而进一步达到提升体育课堂教学质量的目的。

《体育与健康课程标准（2011 年版）》明确要求："关注学生学习方式的改变，重视提高学生自主学习、探究学习和合作学习的能力。"基于这一要求，我尝试利用武汉教育云平台，通过学生的自主学习、合作探究，以问题驱动的设计引导学生从技术、技能、健康行为与体操文化进行深层次理解，从而助力学生运动能力和体育品德的提升。整个教学过程遵循"以学生的学习为中心"的新课程理念。课前，学生登录教育云平台，自主学习教师发布的微视频和补充阅读材料，分小组开展线上讨论，完成课前导学任务，形成必要的知识和技能储备；教师根据学生自学任务的完成情况进行二次备课；课中，教师引导学生聚焦问题，在实践中感知求知，自主探究合作互助的形式逐步突破掌握，促进技能的掌握与能力的提升；课后，教师借助教育云平台发布巩固强化训练任务，并提供可参考的学习资源，学生通过提交视频和文字作业，师生、生生展开互评，从而实现及时反馈，促进学生学习深化。

我是如何设计和实施的呢？

第一，利用武汉教育云平台，实现资源共享，让学生可以随时学习。教师将微课和任务单上传平台，学生利用各种资源，自主探究学习。视频学习中，学习动力和练习达成度问题如何解决？我设计了两个任务来解决：任务一是完成练习次数、组数，任务二是上传练习视频。教师检查学习成果，了解学生学情，以设定线下课的目标，同学之间留言互动。

第二，利用视频剪辑功能，实现教学重难点有效突破。教学中教师示范难免不到位，蹲、跳、起的微视频可以精选后再使用，可以有效避免示范不到位的情况。而且视频能传递比赛情境、文化环境等信息，直观生动丰富的视频让学生迅速建立起正确的动作表象，同时激发学生的学习积极性。完成技术动作有时就在一瞬间，慢放、定格、正误对比等，有助于学生快速理解技术动作。例如在蹲跳高学习时，需要迅速反弹获得反弹力，才能跳得更高，视频能更直观地让学生观察到，表达也更准确。

第三，利用互动课堂 App，实现师生、生生、人机深度交互。依据线上学习成效，最终确立线下课学习目标，在学生掌握原地蹲跳的基础上，进一步做到脚背和小腿用力压垫，摆臂和压垫协调，使身体向上腾起，能在保护与帮助下完成蹲跳下成蹲立，并通过练习，逐步掌握技术、提升能力，最终实现目标。在每一个练习中都需要完成一次教与学的交互，传统课堂教与学分为五个步骤：教师教、学生练、教师反馈纠错、学生再练习、展示，改成整合课堂教与学的五个步骤为：学生看视频自学、学生合作练习、学生或教师拍照拍视频反馈、学生再练、最后展示。以学生为主、教师为辅，实现师生、生生、人机的深度交互。

第四，利用信息可视化，实现及时反馈，提高学生的学习积极性。为什么电子游戏会比运动更吸引人？是因为游戏反馈更及时，每过几分钟就有效果反馈。因此，在教学每个环节，要用激励性的语言围绕体育核心素养运动能力、健康行为、体育品德进行评价。并利用互动课堂 App 的功能将定性评价转化成定量评价、形成性评价转化成总结性评价，达到通过及时反馈导向学生积极有效的学习行为。

用运动手环监测学生整堂课心率，在课前、课中、课后引导学生关注心率，引出有氧心率概念，有氧运动和无氧运动区别，让学生在运动中时刻关注自己心率，心率过高时及时调整运动强度。

📖 未来展望

修炼的路上总会偶遇荆棘，但唯有不服输、相信自我，才能战胜困难，理性上想好了，感性上不纠结，去行动去思考就好。激发学生创新意识，强化学生自主学习能力是未来的课堂趋势，紧跟时代，未来我将继续在课堂上培养学生信息技术素养，探索以学生自主学习为主的体育课堂教学模式，继续研究、学习与实践。

作者简介　张琪，女，湖北省洪湖人，武汉经济技术开发区三角湖小学体育教师。2013 年入职，以做一名让学生喜欢的教师为己任，在课堂上细心观察学生的变化，以学生更好的发展为本，积极思考发掘人性优点、善用人性缺点的教学方式，让学生喜欢上体育课。2014 年开始，致力于体育课堂评价的策略研究，将以评促学、以评育人作为目标，探索相应的方法，并营造严谨与欢愉并存的课堂氛围，用精准的语言引导学生达成课堂目标，用激励性的语言鼓励学生的正向行为，倡导教师主导、同学合作互助的课堂形式，提高课堂效率。撰写的教育教学论文多次在省市获奖，获省级"科研先进个人"称号，撰写的文章在国家级和省级刊物上发表。

中小学一线教师评论　从本篇叙事中，我看到了一位年轻教师的成长与蝶变，更看到了一股让年轻教师成长的力量——内生力。鸡蛋从内部打破是生命、是成长。教师的专业成长需要内生力。这种内生力源于热爱、源于学习、源于奋斗。教育是爱的事业，教师需要永葆热爱之心。教师要热爱自己的专业，有着对专业发展的目标与追求，这种追求不因为遇到阻碍及挫折而气馁，而是主动迎接挑战，主动战胜困难，从而获得成长与重生。教育是面向未来的事业，教师需要不断学习、与时俱进，才能适应教育的发展。作为教师，学习需要找准方向与路径，需要沉潜其中，做到真学习、真研究、真实践。教育是一项有温度的事业，教师要把教书育人当成毕生奋斗的事业，这种情怀激活了教师专业成长动力的火车。无奋斗不青春，无奋斗不成长。在成长的路上，教师要依靠自身奋斗发挥潜能，实现成长，实现教育的理想。（朱凤江，武汉经济技术开发区三角湖小学校长，中学高级教师）

高校教师评论　心有所往，终至所归。从张琪老师的成长之路，我们可以感受到教师成长是有规律可循的，在成长的不同阶段总有一股不可或缺的力量，推动着我们朝着内心向往和憧憬的目标前行。

这股力量来自于激励与引导，这是一种榜样的力量。正如习近平总书记所说："一个人遇到好老师是人生的幸运……"身边的好老师让我们在求学路上、在入职之初，可以学有标兵、行有方向。青年教师入职之初，要多向其他优秀教师请教，对专业发展和职业成长进行科学的预设计。

这股力量来自于实践与反思，这是一种自主的力量。教书育人是实践的事业，困惑源于教学实践，解惑基于教学反思。青年教师要快速成长，掌握教育教学规律，熟悉课堂教学和站稳讲台，逐步建构个性化的课程和教学模式，需要悟透教学和教科研相长的道理。以解决教育教学中的实际问题为出发点，围绕教育教学、学生培养、学生成长发展等有关问题，开展聚焦式研究并以教科研成果反哺教学。在研究和反思中成长，解决教育教学的困惑；在探索和实践中成熟，体验专业成长的快乐。

这股力量来自于氛围与文化，这是一种精神的力量。教师在终身发展过程中要不断学习，保持对外部世界和时代脉搏的敏感性，在学科知识上站得更高、在人的发展上看得更远。在漫长的职业生涯中，将自己置身于积极进取、健康向上的环境中，不断从优秀的个人和教师团队中汲取前进的动力，可以稍做歇息，但永不懈怠。

教师职业注定了我们的责任和使命，那就是成为一个好学者、反思者和创新者，这样才能成为学生成长的"四个引路人"。（沈友青，湖北第二师范学院体育学院院长，博士，教授）

用爱教育　为学生插上梦想翅膀

（武汉市江岸区育才中学　张思蔚）

努力求学

1989 年 12 月我出生在武汉市一户普通的城镇职工家庭，母亲大专学历，是一名测绘工程师。很小的时候父母就非常重视我的文化课成绩，一直敦促我用心读书，争当先进。记得小时候我对数学没有很大的兴趣，母亲就专门买来奥数的书，一边自学，一边给我讲解奥数的题目，调动我对数学的兴趣。我就读于仁寿路小学，五年级时学校办了一个早上七点到晚上七点的特色班，所有科目全部拔高，每个月的学费 420 元。当时母亲一个月的工资才 1000 多块，但是她毫不犹豫地给我报了。我知道我母亲对我寄予了厚望，所以我一直很用功地读书。中学阶段我更是常常熬到夜里两点，不完成作业我就不睡觉。初一下学期和高二下学期，我都考过年级第一的好成绩，这对我来说是极大的肯定。高三那一年受班主任推荐入了党，光荣地成为了一名共产党员。大学在校期间辅修了中南财经政法大学的商务英语学位，我的大学校园生活过得非常充实快乐。大四那一年我顺利地考上了武汉市江岸区教师编制，成为了一名公办教师。

认真工作

📖 认真备课，钻研教材

备课是教学中的一个重要环节，包括备教材、备学生、备方法。根据教材内容及学生的实际设计课的类型，拟定采用的教学方法，认真写好教案。为了做到这点，我坚持在讲课前几天把课备出来，在备课的过程中，多看参考书，汲取精华。我常常到网上搜集资料，学习别人优秀教案的长处，并对例题进行筛选，每堂课都在课前做好充分的准备，认真钻研教材，对教材的基本思想、基本概念，每句话、每个字都弄清楚，了解教材的结构、重点与难点，掌握知识的逻辑，并能运用自如。能根据学校学生的实际，对学生因材施教。备好课后，根据学生情况不断修改，并向有经验的老教师请教，向他们学习教法，同时与班主任沟通，了解班级的整体和个体的基本情况，尽可能多地了解学生，包括熟悉学生的姓名、座位情况和学生的思想状况等。

📖 认真反思自己的每一节课

没有反思的教学像是盲人探路。做一名合格的教师，要提高上课技巧、教学质量，使讲解清晰化、条理化、准确化、生动化，做到线索清晰，层次分明，深入浅出。在课堂上我特别注意调动学生的积极性，加强师生交流，充分体现学生的主体作用，让学生学得容易、学得轻松、学得愉快，同时在每一堂课上都充分考虑每一个层次学生的学习需求和学习能力，让各个层次的学生都得到提高。另外，根据物理学的特点加大实验教学的力度。通过实验，学生收获较多，不仅增强了学生的感性认识，而且还上升到了理性认识，不仅有利于学生学习物理，而且也让学生了解了学习物理的意义。

📖 在实践中增长自己的教育智慧

高超的教育智慧支撑起教师的灵性、宏阔的课程视野支撑起教师的活性、远大的职业境界支撑起教师的诗性。一个没有丰厚的文化底蕴的教师根本不可能给学生的生命铺上一层温暖的、纯净的底色，博学多才对一位教师来说十分重要。因为我们是直接面对学生的教育者，学生什么问题都会提出来，而且往往会打破砂锅问到底。没有广博的知识，就不能很好地解学生之惑、传为人之道。但知识绝不是处于静止状态的，它在不断地丰富和发展，每时每刻都在日新月异地发生着量和质的变化，因而我们这些为师者必须让自我的知识处于不断更新的状态，跟上时代发展趋势，不断更新教育观念，改革教学资料和方法。不去更新、不去充实，知识就是一桶死水。

无论在生活上还是学习上，都要给予学生必要的关心和帮助。学生闹矛盾，我给予合理的处理；学生犯了错误，我耐心地进行教育，使学生真正认识到错误并及时改正。我还抽时间和学生谈心、交流，与学生共同活动，缩短师生距离，增进师生间的相互了解，等等。热爱学生，尊重学生，严格要求学生。平时我很注意尊重学生的人格，了解学生的个性，相信学生、关心学生。对学生既严格要求，又注意他们的个体差异，区别对待。对程度、水平不一样的学生，采取不一样的教育方法。特别是后进生，要给予更多的关心，不让一个学生掉队，尽最大的努力使他们健康成长。

初中教师与学生的接触尤其多，教师的言行直接会影响到学生。所以我们既要把丰富的科学文化知识传授给学生，又要用自己高尚的人格影响学生、感染学生，使学生的身心健康发展。热爱学生的教师最受欢迎，学生渴望的不仅仅是从教师那里获得知识，更重要的是得到教师的关爱。有关调查表明，喜欢渊博知识型教师的学生占31%，而喜欢具有师爱型的学生达到53%，他们期望自己的教师温和可亲、具有爱心。由此可见，在学生们的心中，一个富于爱心的教师甚至比一个知识渊博的教师更具魅力。学生表示，对有爱心的教师，他们会自觉尊重教师的劳动，十分愿意接近教师，期望与教师合作，把教师看成是父母般的亲人。他们愿意向教师袒露心声，分享自己的喜怒哀乐。教育需要师爱，在德、智、体、美、劳等各项教育中，师爱是基础，是先决条件。因此，在教育过程中，无私地奉献师爱，既是教育成功的关键，又是衡量一位教师素质的重要标准。如果说没有爱就没有教育的话，那么离开了理解和尊重，同样也谈不上教育。因为每一位学生都渴望得到他人的理解和尊重，尤其是教师的理解和尊重。

教师对学生不要体罚、不要训斥，不要高高在上，而应做一个和气的人、一个严谨的人，一个值得尊敬的人、一个堪为师范的人。学生也有自尊心，而且自尊心很强烈，教师对学生的批评，恰当的话，就是一种激励；不恰当的话，就会成为一种伤害，甚至还会导致学生产生逆反心理。绝大部分学生不喜欢教师批评时挖苦学生，伤害学生的自尊心。因此，在日常的教育工作中，教师应把握批评的度，变忠言逆耳为忠言悦耳。正如德国教育家第斯多惠所说："教育的艺术不在于传授知识，而在于激励、唤醒、鼓舞。"教师还要转变教育观念，树立以学生为主体的服务意识，创造尊重、信任、宽容、友爱的新型师生关系。

作为人类灵魂的工程师，务必具有高尚的道德品质，对学生要有慈母般的爱心，做学生喜欢的教师，并不断更新、补充自己的知识。做一个学生喜爱的教师仍是我努力的目标。

身为教师，以此为傲

每当我从教案中抬起头时，我常常会问我自己，你幸福吗？你因为什么而感到幸福呢？幸福是什么？是成功的桂冠、是光耀的光环、是瞬间的快乐，还是刻骨铭心的长久回忆。

我认为，工作中的人是最幸福的，因为他们正用自己的努力改变着生活，因为他们沉浸在人生价值的创造之中。教师的职业是一个将人的最美好道德展现出来的职业。从教的人才能体会到教师没有真正意义的休息时间，即使学生走出了校门，也走不出你关注的视野，教师的工作不能简单地用时间和量来衡量，因为这份工作不只占据你的时间，还有你的思想和灵魂。教师都有一个特点，谈话的内容总是绕不过学生这个主题。做教师的人才体会得到什么是魂牵梦萦，多少次半夜醒来，梦中都是学生；做教师的人才知道什么叫无怨无悔，多少无私付出只求收获光荣和幸福；做教师的人哪怕再辛苦、劳累，当发现学生取得了一个小小的进步时，心中无不充盈着巨大的幸福感。

因此，我非常自豪并且乐意成为教师，在教师的岗位上耕耘着并且幸福着！爱学生，是一种发自灵魂的芬芳，一种深入骨髓的甜蜜，日子久了，它就会萦绕成一团幸福，紧紧包住心灵。身为一名教师，我们就拥有了一份以爱为主题的职业，爱自己，也爱他人。播种着爱，也收获着爱。播种着幸福，同时更收获着幸福。

作者简介 张思蔚，女，湖北武汉人，武汉市育才中学物理教师，曾担任物理备课组长职务，承担国家级课题开题和结题工作，多次执教区级公开课，获得区级三优五优评比一等奖，多次荣获教育质量一号工程先进个人、优秀青年志愿者等荣誉称号。

中小学一线教师评论 爱是一种感动，是一丝欣赏、一种支持、一份理解，爱是人世间最伟大的力量。它能带给你快乐，使你温暖，令你幸福。拥有爱，就拥有博大；拥有爱，就拥有一颗颗赤诚的心。"爱心"是教师工作中不可缺少的，没有爱就没有教育。"爱心"是培养教师与学生感情的基石，"爱心"是转变后进学生，使他们良好发展的"灵丹妙药"。苏霍姆林斯基说："好的孩子人人爱，爱不好的孩子才是真正的爱。"张老师爱学生，不仅爱那些聪明、漂亮、优秀的学生，更爱那些不听话、学习有困难的学生，张老师的爱中有严，严中有爱，不偏爱一位好学生，不放弃一位学困生，在她的关心和爱心的感召下，每一个学生都感受到了学习的快乐，取得了优异的学习成绩。教育好比种庄稼，必须辛勤劳作方能换取秋天的收获，一分都马虎不得。这一学期，张老师坚持以饱满的热情、愉悦的心情投入教育教学当中，努力克服一切困难，没有请一天假，没有耽误学生一节课。（苏文凯，武汉市江岸区育才中学教导主任，高级教师）

高校教师评论　"学而不思则罔，思而不学则殆。"张老师在教师专业成长中践行了这句话，课前认真备课、钻研教学方法，课后及时反思总结，在实践中成长、在反思中进步。而这一切的前提是拥有对教育事业饱满的热情和对学生们真挚的爱意，正是有了对学生殷切的期待和柔软的善意，才愿意用青春之力帮助他人成长、才愿意看到每一个学生的可爱和长处、才愿意平等地与每一个孩子对话交流而非斥责羞辱，使学生们在爱的环境下学会感恩、学会尊重、学会思考、学会体谅。优秀的教师不仅可以以高超的教学技能教给学生知识，更可以以令人尊重的人格让学生懂得尊重与平等的价值，用能力与品格为学生插上梦想的翅膀。（张青根，华中科技大学教育科学研究院副教授，博士，博士生导师）

漫漫传灯路　你我同行

生活中，人们常把老师比作蜡烛，认为老师就像蜡烛一样，无私地燃烧自己，照亮他人。由此，人们给予老师这个职业无上荣誉与尊崇。

我不太喜欢这种比喻，因为从某种角度看，这种说法多多少少有道德绑架的嫌疑。相比之下，我认为老师更像是手持灯烛的传灯者——通过自己手中的一点火光，逐渐点亮周围的灯烛，在时光的加持下，最初的星星之火，最终也能成燎原之势，照亮一方天地。

就如同某部佛经所言，以一灯传诸灯，终至万灯皆明。

而我，正是这千千万万传灯者中的一员，平平无奇，但步伐坚定。

点亮自己，方能照亮他人

📖 点燃炎黄血脉里的火种

一百多年前的一天，沈阳东关模范学校的魏校长问学生们为何而读书。学生们的回答各不相同，有为父亲的、有为明理的、有为做官的……

唯独一位少年默不作声，魏校长注意到了他，于是请他说出自己的答案。只听少年沉声说道：

"为中华之崛起而读书！"

……

打认字起我就喜欢看书，尤其喜欢看故事，各种各样的故事。

从童话寓言到科幻武侠、从古典小说到西方文学，我来者不拒。随着年龄的增长，很多故事都已忘记。

然而在多年以后的今天，我仍然清晰地记得小时候第一次读到"为中华之崛起而读书"时的震撼与感动：一股莫名的力量涌遍全身，一腔豪气冲到嗓子眼却被紧咬的牙关所阻，以至于年幼的我双拳紧握，浑身轻轻战栗，久久不能平静。

我知道，那一刻的自己没有发疯，也不是病了，而是刻在血脉里的火种被点燃了。

从《礼记》的"修身齐家治国平天下"，到张载的"为天地立心，为生民立命，为往圣继绝学，为万世开太平"，再到周总理的"为中华之崛起而读书"，五千年华夏文脉的浸润，让不过是普罗大众中普通得不能再普通的我，也敢傲然立志，许下模模糊糊的宏愿：愿学伟人举灯，为天下播洒一方光明。

虽然现在回过头来看，这个愿望很是幼稚和中二，甚至还有点好笑，但这也的确是当时满腔热血的我最赤诚的想法。仔细想想，如今我走上教师岗位，说起来倒也不负少年之志。

📖 磨刀不误砍柴工

2010 年 9 月，我和很多新同学一起，从南门走进了湖北第二师范学院，成为了文学院汉语言文学专业的一名新生。犹记当时填报师范类院校的师范类专业，只是觉得当老师也是一条出路，并没有那么坚定地要踏入教育行业。

转折发生在 2013 年，湖北第二师范学院第三届行知实验班开始招生。当时我从班级群里得知消息，隐隐约约觉得这是个机会，一个避免毕业即失业的机会。于是，报名参加了考试，很顺利地进入了万爱莲老师任班主任的第三届文科班，并成为班长。

要成为一名老师，坚实的文化知识基础是"道"，而熟练的教育教学技巧则是"术"，两者相辅相成，缺一不可。如果说大学四年的汉语言专业课程学习，帮助我初步完成了对前者的有效积淀，那么第三届行知班设置的各种面向具体教育教学操作的课程，则帮助我初步窥得了后者的些许门径。

现在想起来，如果没有行知班的学习经历，也许我就不会那么自然而然地走上讲台，成为一名踏上传灯之路的老师。

还记得第三届文理两个行知班，在领导及老师的带领下，平时要么在努力模拟课堂教学，分组后人人上台反复开讲，事后集体评课总结提升经验；要么在行知班教室，听行知班从全国各地请来的名师、名班主任的经验之谈，并开展互动交流；要么独立自主或分工协作完成相关素养项目，如怎样写好"三笔字"、教育教学活动如何组织、危机应急情况如何处理、学生心理问题如何疏导等；甚至，在临近毕业的阶段，还会进行面向教师招聘的针对性训练，共享教师招聘信息。

不得不说，即使八年过去了，但回忆起当初和行知班同学一起学习、进步的日子，我仍然很是怀念和感慨；同时，我也对当时为我们尽可能创造条件的行知班领导、老师深表感激。

吃一堑，长一智

2014年毕业季，除了完成毕业论文，最重要的就是找工作。在公务员考试失利的情况下，我和麻城华英学校签了约。两年之后，我又去了宜春黄冈实验学校。直到2019年，我回到了家乡，成为了蕲春三中的一名在编老师。

从2014到2022，这八年的时间，说长不长，说短也不短，我从一名刚毕业的"萌新"变成了一名经历还算丰富的"老手"。

这期间，从私立学校转到公立学校；从教初中语文到教高中语文；从旧教材、旧课标、旧高考到新教材、新课标、新高考；从科任老师变成班主任……回顾这些年的种种经历，有愉快的也有恼火的、有轻松的也有困难的，最终它们都化作经验包，让我不断更新升级，帮助我在这条路上走得更远。

📖 承认"无能"，方能有所能

在我还没毕业那会儿，教育教学领域里流行着一句话——"没有教不好的学生，只有不会教的老师"。当时很多专家都在这样鼓吹，很多家长也恨不能手脚并举来表示认同。

当时的我也心比天高，把这句话奉为圭臬，认为自己就是传说中的那个"会教的老师"，只要心怀责任与关心，辅以相应手段与措施，总能找到症结所在，让问题学生也能完成蜕变。

我遇到过因先天性心脏病而极端敏感自卑的学生，也遇到过反复带手机在课堂上打游戏的学生……面对他们，我尽量不带偏见和成见，找科任老师、学生，乃至他们的家长了解他们的方方面面，掌握他们的思想动态。同时，该批评教育就批评教育、该鼓励相信就鼓励相信、该给表现机会就给表现机会，有时睡觉做梦都在想如何帮助他们走出困境。

我以为在付出极大心力之后，一切问题都将迎刃而解。但事实证明，这只是一厢情愿，不是每一次都是 happy ending。

实际与预期不符，这让我一度很沮丧。如果不是其中也有成功案例，我都怀疑自己是否压根就不适合当老师。

直到后来，随着对教育教学理论的理解不断加深，以及对教育教学活动实践的反思总结，我才发现并不是我错了，而是那句话错了，错在了太极端。

初看之下，那句话没有什么不对。很多人都这么想过，我当初要是遇上一个更好的老师，可能我就会考上 985、211，从此走上人生巅峰。

但众所周知，教育教学活动是否成功受到多方面因素的制约和影响，如生源、师资、家校协同等，老师只是其中比较重要的一环罢了。

而"没有教不好的学生，只有不会教的老师"这种观点却狡猾地去掉了其他变量，无视客观规律，认为老师是决定教育教学活动是否成功的唯一因素，显然有失偏颇。

所以，我认为，作为一名老师，尤其是满腔热血地想大显身手的青年教师，入职前先要树立中正平和的教师观，承认教育教学并非万能，承认老师作为人而不是神，也不可能万能。

而正因为老师和教育都不是万能的，反过来说，这其实是对老师的一种鞭策，鞭策我们不要轻易放弃每一位学生。

就如同我开篇所说，身为老师，就要尽力用我们手中的灯盏去点燃学生手中的灯盏，最后让其能够根据自身情况发光发热，而不是徒劳地强迫所有灯盏发出同样的光和热。

尽心尽力，但不苛求自己。

有时候，承认"无能"，是为了进一步有所能。

📖 为他人照亮前路的同时，也别让自己摔跤

老师是直接面对人的职业。俗话说，有人的地方就有江湖。无论是单纯的科任老师，还是掌舵的班主任，都会与学生、家长和学校产生各种各样的、或简单或复杂的联系。要处理好这些关系，不是件轻松的事情，对此，我想说的是老师要有自己的原则和方式与他人沟通，与学生沟通。

我曾经在私立学校任班主任，曾经过一年的努力，把分班成绩不怎么样的班带成成绩在年级名列前茅的班。当时，刚刚毕业才两三年的我，深受大部分学生的喜欢和信任。

但在学期末，才从主管教学的副校长口中得知，班上有家长在我建的家长微信群里另建新群，并将副校长拉入群中，背后各种吐槽和告状，前期原因是成绩没有明显起色，嫌弃老师教学不行；而后期则不满班级管理过于严格，责怪把学生培养成了考试机器。

当然，当面大家都还是客客气气，笑脸相迎。但正是这样，才让我感觉一阵后怕：幸好我的班没有出现什么安全事故或教学事故，否则真不知道会怎样鸡飞狗跳。

在这个舆论嗜好挑起师生对立、家校矛盾的互联网时代，老师其实是弱势群体，要想当好一名老师，仅凭热情是不够的，还需要掌握保护自己的技巧。例如，在教学的过程中，一切活动依法依规按程序进行；与学生的接触尽量在公众场合，最好有人或摄像头；出现解决不了的问题，放下面子向上级领导求助；哪怕家长再怎么信誓旦旦，都不要参加可能有违师德的活动。

照亮他人之路，也要走好自己的路。

路漫漫其修远兮，愿与诸君携手同行

作为一名老师，我的传灯之路还远未结束。未来的这条路上，也将会有更多的同行者。要想在这条路上走得更稳、更快、更远，相互学习、切磋必不可少。我很荣幸能有这样的机会，可以把自己这些年的些许感悟和思考印成铅字来和诸位交流。

📖 凡事预则立，不预则废

若是立志要走上三尺讲台，成为一名老师，在那之前一定要对自己未来的职业生涯有所设计、有所规划。

凡事预则立，不预则废。这句话放在教师职业生涯规划上可能有些过了，但做了预案，有所准备，确实可以让自己在这条路上少走弯路，成长得更快。

有人说，知道教师是一种职业，然而却不知道什么叫教师的职业生涯规划。实际上这并不难，想当老师的话，可以问自己以下几个问题：

自己未来准备去哪个城市当老师，是北上广深还是十八线小县城？

自己准备去那里当什么学段、什么科目的老师？

那里的教育环境对相应学段和科目的老师是什么选拔标准、是什么专业、是本科还是研究生、是 985 还是 211？

从工资角度讲，是准备考编，还是去私立学校或培训机构（特别是在国家出台相关政策，对培训机构严加监管的当下）？

进入相关机构后，是准备往管理层发展，还是往教学岗发展？

在面对学生、家长、学校的不理解时，自己是否还能不忘初心？

当自己入行之后发展不够理想，想要改行，自己是否还有选择的机会、能力、魄力？

无论是上网查资料，还是寻求亲友家长的意见，又或是亲自去考察，只要认认真真回答完这些问题，实质上就大体完成了一次对职业生涯的初步规划。

其实，选择任何职业，都应该有相应的职业生涯规划。只是由于教师这个职业更加特殊，其面向对象是人才更加需要慎重。

因此，一个老师，对自己的职业生涯有相应规划，往小了说，是对自己、对学生、对家长的尊重；往大了说，也是在对整个国家、民族负责。

而一旦做好了心理准备，勇敢又坚定地选择了成为老师，那就坚定地在这条路上走下去，做一名意志坚定的传灯者。

但行好事，莫问前程；

牢记使命，不忘初心。

📖 三人行，必有我师

教学，是一名老师的立足之本。这一点不分地域、不分机构，也不分年龄、性别。只要走上这条路，那就想尽一切办法去提升自己对课标的领悟能力、对教材的理解能力、对课堂的掌控能力，最终提升自己的教学能力。

古人云，他山之石，可以攻玉。

详备课、常听课、多参加各种教学教研活动及比赛，每一阶段不忘复盘总结，这都只是常规做法。在互联网资源无比丰富的今天，青年教师还可以充分利用互联网，多看看国家级、省级优质课，多听听教育部、人教社教材编者的专家学者的讲座。

例如，强烈推荐"国家中小学网络云平台"网站，该网站课程资源紧跟时代步伐，从小学到高中、从学生到老师，都可以从中找到相应课程来学习。

当然，我们还可以在网上观摩某些著名教育辅导机构的名师教学课程，学习他们对教材知识点、考试技巧及规律的总结。毕竟，竞争激烈的互联网时代，这些名师能够赢得一大批学生粉丝，其教学方法、思路、态度等方面肯定有其过人之处。

提高教学能力的另一个要点就是，永远保持好奇心。随着年龄增长，随着对教材的逐渐熟悉，很多老师越来越闭塞，从思想上就拒绝改变、更新，更不用说在行动上。这也是相比之下，学生更加喜欢年轻老师的原因。

无论是新的教学理念，还是新的教学技术，抑或是新的学生语言，都需要我们花心思去学习、了解、运用。现在的学生都是 00 后甚至 10 后，而老师还是 90 后、80 后甚至 70 后。人说"十年一代沟"，极端情况下，师生之间都隔了好几条时代的鸿沟了。这时候，如何运用学生熟悉的语境及语言来吸引、引导学生，让其更容易理解知识点，提高课堂教学效率，就成了一门很大的学问。

📖 学习，学习，还是学习

这里的学习，不仅是学习教师专业方面的知识、技能，还要学习其他各种知识、技能。这还要从前些年的一个网络热词说起。

前些年，社会上一度流行过"斜杠青年"的说法。

而所谓"斜杠青年"指的是这样一个群体：他们不想被单一职业和身份束缚，而是选择一种能够拥有多重职业和多重身份的多元生活。这些人在自我介绍中会用斜杠来区分，如张三，记者 / 演员 / 摄影师。从此，"斜杠"便成了他们的代名词。

于是，在这里我想借用"斜杠青年"的概念，希望老师们永远不要停止学习，不要满足于老师这一种身份，而是努力活成"斜杠老师"。

之所以这样建议，是因为老师这种职业圈子非常狭小闭塞，工作几年之后，基本上可以说与社会脱节了。相信在乡镇学校工作的老师对此感受最为深刻：不过是上了几年班，回过头来猛地一看，却发现自己除了教书，啥也不会，似乎被社会所抛弃。

这实质上是社会发展过程中，社会分工对我们的异化，无可避免。但是，可以降低这种异化对我们的影响。在爱岗敬业的前提下，不断学习，以促使自己多方面、多层次的发展。

而且不断学习，以促使自己成为"斜杠老师"往往对我们的教学会有意想不到的促进作用。实践出真知，多一种生活体验，能让知识更接地气，让其更好地应用于生活实践中，教学自然就更有意义。

历史的车轮滚滚向前，活到老，学到老，才是新时代老师的风范。

下笔千言，终有一结。

不经意间，时光已经来到了 2022 年，来到了百年未有之大变局的关键阶段。作为千千万万青年老师中的一分子，我将在教育教学路上继续前行，尽己所能，凭一口气，点一盏灯。

以一灯传诸灯，我相信总有一天，在所有传灯人的努力下，终将万灯皆明。到那时，点点火光，散落四面八方，犹如星辰大海，灿灿生辉。如斯盛景，再与诸君共赏。

作者简介　叶凡，男，湖北黄冈人，2014年毕业于湖北第二师范学院。毕业后，从黄冈麻城到江西宜春，连续4年在私立中学担任班主任及初中语文教师。2019年考入蕲春三中，任高中语文教师至今，曾获黄冈市精品课二等奖，也曾指导学生在《楚天都市报》征文比赛中获一等奖。

中小学一线教师评论　教师神圣，是因为他们肩负传递文明火炬的重任；教师平凡，是因为他们也有喜怒哀乐，有时也会心有余而力不足。以平凡之身，担起神圣职责，兢兢业业工作，是全国所有教师的真实写照。叶凡老师从自身经历出发，怀着朴素的爱国主义情感，走上"传道授业解惑"的传灯之路，一路上他不忘初衷，紧跟时代潮流，潜心学习，是学生之幸，也是师道之幸。看到新时代有青年教师如此，我相信在不久的将来，中华民族伟大复兴的盛景，大家必能共赏。（张浩，湖北省蕲春第三高级中学高三语文备课组长，高级教师）

高校教师评论　在这样一个波澜壮阔的大时代，人们赋予了教师这个职业极大的价值，这是教育和社会发展的必然。身处这个平凡的岗位与壮阔的时代，仅仅有一腔热血，难以规避被当下心态浮躁、缺乏深刻思想、行为功利的现状所影响的风险，甚至可能会误入歧途。叶凡的成长经历告诉我们：走出浮华，回归教师个体真实的生命，我们才能清醒地看待教育，不卑不亢，执着持久。教师，需要心怀天下的情怀，但也需要从课标到教材、到对每一个学生真实的研习。历史的车轮滚滚向前，我们更加需要透过教师这个职业的伟大看到教师个体生命的平凡，看到教师个人的"局限性"，由此才能以小见大，以细节成就恢宏，以此成就永恒的职业价值、生命价值和人的价值。（肖凯，湖北大学师范学院讲师，博士）

教书育人　且行且思

（武汉市光谷第二小学　胡舒菡）

学生时代的梦

📖 家庭教育的影响

我之所以选择教师这份职业，一定程度上受我父亲的影响。我的父亲是一名乡村教师，在村里，无论老少，大家都叫他"老师"。孩童时期，我经常看见他在夜灯下批改作业，书桌前提笔写字。父亲很好学，从小学到高中，只要我有不懂的问题都可以向他请教，无论什么话题，他都可以侃侃而谈。而最让我印象深刻的是，每年春节快到时，村里的人都把裁好的红纸送到家里来，由父亲来写春联。上学后，父亲铿锵有力的字体，很长时间都是我临摹的范本。也许从那时起，心里就种上了一颗想当老师的种子。所以，在家庭教育中，父母的言行举止对孩子的影响深刻久远。

📖 二师——梦想启航的地方

很自然地，报考时我选择了师范专业。学高、身正、诚毅、笃行是湖北第二师范学院的校训。大学时期，我就读的是小学教育专业，在这里我遇到了一群志同道合的伙伴。学院气氛活泼自由，学习就是一件很开心的事情，四年求学之路为我以后从事教育事业奠定了扎实的理论基础。大学老师更是良师益友，在答疑解惑的同时，也给予我们很多生活上的帮助。

大学期间，我尝试过不同领域的兼职工作，最令我印象深刻的是大三暑假支教的经历。我原以为小学数学内容很简单，有着丰富的理论知识做支撑，教起来不成问题。

然而，事实上我遇到的根本不是知识方面的问题，而是班级管理方面的问题，学生们不遵守纪律，叽叽喳喳，使我无法开展教学工作。这是我第一次感受到了书本与现实、理论与实际的差距，我迫切地希望可以得到专业性的指导。

直到大四那一年，当其他毕业生都为面试找工作发愁时，我很有幸加入了第一届行知实验班。它就是一座灯塔，给手忙脚乱的我指引了方向。在行知实验班的时候，我每天忙于各种实战演练，这段经历是其他院校毕业生所没有的体验，也正是因为行知实验班，才有了现在的我。后来，行知班的领导请来了武汉小学李校长来学校举办讲座，李校长招实习生时，要求每个人手写一份简历，那时候我就想可能我的字帮我通过了第一轮。可是，在后面的面谈中，我被刷掉了。幸运的是，有一个同学放弃了实习资格，吉静老师再次推荐了我，就这样，我开启了我的实习期。

📖 走上三尺讲台

在武汉小学实习期间，我遇见了喻中华老师，感恩喻老师毫无保留地将她的经验全部传授给我。当了她一天的小跟班后，我知道了一线教师并不只是上课，还有很多繁忙琐碎的班级事务、学校下发的工作任务、自身论文案例的撰写任务等。

听了一段时间的课后，喻老师鼓励我走上讲台，于是我开始着手写教案。下班回家后，我查阅各种资料，自以为课已经备得很完美了，谁知第二天，我拿去给她看时，大部分都被她推翻了，当时的我很沮丧，觉得环节都没有问题，为什么不行呢？喻老师看出了我的不甘心，于是让我第二天先试讲一下。课上完后，自我感觉很差。喻老师耐心地指导我："现在，你知道问题出在哪里了吗？"是啊，这个教案只是我心中的理想教案，但是没有切合学生的实际，重难点没有突出，尤其是一些细节问题我没有做好充分的预设，最后被学生带偏了。为了让我得到更快的发展，喻老师每天给我示范上课，听完课后我当天写教案，她帮我逐字逐句修改，第二天我再在另一个班讲。就这样，在她一对一、手把手地帮助下，我的课上得越来越顺，实习结束时的汇报课得到了领导的肯定。

开启教书生涯

📖 初为人师，焦虑迷茫

实习结束后，我顺利地留校了。与学生时期和实习期不同，我必须独当一面，真正承担起工作的任务。可能是角色没有切换过来的问题，入职第一年，我的心态有点不好，看着周围工作自如的老师们，我有些着急。为了缓解这种焦虑，我每天钻研教材教参，对指导老师的每一句话进行反复斟酌，一遍又一遍地修改课件，课后总是在辅差，但即便是这样，也无法调节好自己的状态。那一段时间，在这种高压下，我的心理和身体都出现了问题。做完手术后，怕耽误教学，我忍着疼痛来上课，李校长见我后说了一句话："身体为主，这所学校少了谁都可以。"这时我才深刻明白，是啊，如果身体垮了，还拿什么来拼。这几年，见到很多身边的老师为了学生，埋头苦干，付出了太多，身体状态越来越差。所以，调整好自己的心理和生理状态才能做好工作。

现在回头来看，这段经历也是必不可少的，要想成长，必须反复打磨，成长路上，没有一帆风顺。如果想快速成长，更需要一些露面挑战自己的机会。学校教学研讨氛围特别浓厚，有老带新、集体备课、聘请的专家组织的每周一次的教研活动、迎检活动、学校组织的教师技能比赛、家长开放日活动……每一次活动，就是一次研讨，尤其是青年老师，更需要这样的锻炼机会。刚开始看到教室后面黑压压的一群前辈，就怕上不好课，心里就有了负担。当时的师父宋玲老师的几句话像是给了我一颗定心丸，"不要怕上不好课，刚上班上不好课比较正常，如果上了几年班，还是上不好课就不正常了。"话糙理不糙，在组内老师的鼓励和帮助下，我开始大胆站出来挑战自己。

📖 千锤百炼，稳扎稳打

磨课，经常是一节课反复上，在不断反思中再次修改教学设计，完善教学方案。为了让自己的印象更深刻，每一次的教案，我都是用黑笔加红笔手写完成，回家后对着镜子模拟演示，调整语气语调，设计动作手势，上班路上再在脑海里将教学过程回忆一遍，直至滚瓜烂熟。有时候，哪怕是一句简单的过渡语，都要反复推敲，最后选择出最适合自己的语言。如果在试教后，发现了更好的点子，就需要再重新设计，再来试教。通常情况下，一节课可能要在全年级的所有班级都试讲一遍。要想取得好的教学效果，精美的教具、生动的课件、画龙点睛的板书等也起着锦上添花的作用。为了上好一节数学课，我开始探索抠图技术、制作微课视频、研究录音软件。要想不断成长，必须与时俱进，不断学习。就这样，信心在一次次的打磨中增强，我在这条路上探索的步伐也在一次次被肯定中变得坚定，在武汉瑞景小学这段时间，让我的专业素养得到了快速的发展。

📖 借人之力，助己之长

大语文观背景下强调大阅读，小学时代阅读习惯的养成就显得尤其重要。培养学生阅读习惯的方法多种多样，然而最让我佩服的却是张玮老师的方法。一年级起，我就和她搭班，学生上学第一天，她便开始在班级群里和家长分享学生读书的画面。拍照分享的方法很多老师都用过，但是数年如一日地坚持，却不简单。张老师每天分享读书照片，即便是有事请假，不能到校，她也会请其他老师帮忙拍照。从她身上，我看到了坚持的力量。刚开始班上自觉读书的同学寥寥无几，后来加入读书队伍的学生越来越多，或许他们是为了得到表扬，或许他们是为了让老师给他们拍照，但是总有一天，他们会发自内心地爱上阅读。果然，不知道从什么时候开始，每天早自习之前进教室，几乎全员都在安静地看书。

从张老师的身上，我得到了很多启发，我学着每天坚持反馈学生午睡、中午就餐、课堂表现、作业完成情况，这些坚持对于他们的生活习惯、学习习惯的养成产生了重要的作用。

📖 内省反思，寻找风格

上班几年后，工作也变得自如起来，我开始逐渐摸索适合自己的教学方式和班级的一些管理方式。我不是那种一站上讲台就有威信的老师，那我就选择做一个和风细雨的老师，在语言上亲切幽默、在表情上生动有趣，拉近与学生的距离。面对不同阶段的学生，选择不同的方式。比如，一年级新生入学，很多学习要求都不懂，明明一个很简单的要求，可能需要花很多时间解释，所以我就找几个学生制作成微课视频，发到班级群里。视频直观生动，学生们理解起来不费力，家长看了视频后也可以帮着一起教育学生。

在数学教学方面，我开始研究数学文化在教学中的作用，在完成基本教学任务后，思考如何渗透数学文化。比如：二年级下册《万以内数的认识》主题情景是南京长江大桥公路桥长和铁路桥长。如果按照以前的思路，出示情景图，让学生读数来展开教学，不免显得枯燥无味。于是，我课前布置了让学生搜集关于南京长江大桥的资料的任务，课前花三分钟进行交流，有的同学提到了它建造过程的艰辛、有的同学提到了它的历史影响力、有的同学介绍了相关的建筑工程师、有的同学搜集了一些桥梁的知识……同学们的眼睛里充满了期待，一种民族自豪感油然而生，勇于克服困难的小种子在心里慢慢发芽。数学来源于生活，应用于生活。几乎每个人都知道，数学在工程设计中有着极其重要的作用，如果每节课都拿出三分钟来拓展数学文化，数学课堂教学一定会更加丰富多彩。

📖 大师引领，更上台阶

2018 年，我加入了武汉市光谷第二小学这个新的集体。当时正值学校领导班子换届，新学期大会上，贺清文校长和其他领导满怀激情地和我们畅想二小的未来，也点燃了我的满腔热情。在二小，我幸福感满满。因为这里有这样一位特级校长，他总是深入教师的课堂，进行一对一的点评指导。在贺校长的指导下，大家研究"五学学案"，探索"小先生制"，狠抓教学常规，成绩斐然。这里有值得信任的伙伴，大家分工明确，相互碰撞，畅所欲言；任何事情都不足以惧，每个人都不是一个人在战斗。加入二小时间虽然不长，但是我却感受到了前所未有的职业幸福感，这就是二小的魅力。

德育路上，且行且思

📖 每个人都是德育工作者

我是长期教低段的，低年级的学习内容相对来说比较简单，从长远学习来看，生活习惯、学习习惯的养成和培养尤为重要。在教育中，要多表扬少批评，但也不能盲目表扬，要把握批评的度。表扬的时候，要重过程轻结果。在表扬中，帮助学生培养好习惯。低年级学生的显著特征就是爱表现，数学语言表达不清，只说答案不说思考过程，经常是老师提出一个问题后，很快就有学生抢答了。这种没有深度思考的抢答，久而久之会让课堂秩序变得混乱，也没有达到训练学生数学语言表达能力的目的，因此这种"积极发言"即使答对了问题，也不应得到表扬，可以表扬那些"爱动脑思考、表达清楚、条理分明、认真倾听"的孩子。表扬的时候，要发自内心，让学生感受到老师的爱。我曾看见一位老师仅仅用了一个拥抱，就让有多动症的学生像是被施了魔法一样，安静地升完了国旗。

批评和惩罚也是一门艺术，一不小心就会越过边界，适得其反。刚上班时，没有方法，又很急躁，经常被学生气得暴跳如雷。老师苦口婆心，学生却不买账，时间久了，老师寒心，学生伤心。在慢慢地学习中，我逐渐摸索出一些方法。结合低年级学生的特征，我先用眼神批评，结合背诵一些适龄的国学经典，合理地使用好表扬卡和积分排行榜。如果是作业没写好，可以让其重写，以端正其态度，摆明立场。到了高年级，孩子们会更敏感，自尊心更为强烈，就需要再转换一种方式，用平等的方式和学生们对话，解决问题。

那是我第一次教高段数学，五年级的学生相比低段的小学生，自尊心更强，更加敏感。经过和学生的多次斗智斗勇后，我总结出几个方法。

一是尊重对方，互留余地。这节课上，小希又在下面溜号，课上我多次提醒了他。课后，我当着全班的面让他出来，他没理我。午餐后，我当着全班的面再次让他出来，他还是视若无睹，反而当着我的面抄别人的作业，仿佛是一种挑衅。气急之下，我把他作业撕了。他突然狂躁起来，也跟着撕起作业来，气氛一度很紧张。从那以后，我更加深刻地明白，老师需要树立权威，但是学生也需要面子和尊严，如果闹得太僵，双方都很被动。

二是虚张声势，请君入瓮。大约一个星期后，我发现班上学生写答语的习惯很差，几乎所有人都是两三字的答，订正一遍后，下次的答语仍然是偷工减料，没有效果。怎样改变呢？这次我不像往常上课一样，而是先让他们拿出课堂作业，让他们在页眉写上"答语1/10"，他们不解地看着我。"从今天起，我把选择的权力交给你们自己，你选择写一遍完整的答语，还是重新订正十遍答语？"他们异口同声地说："一遍。"我充满疑惑地问："真的吗？我有点不信，翻到下一页再写一遍。"就这样，我让他们连着写了三页。看似给他们选择的权利，其实一切尽在掌握之中。第二天，只有五人答语不合格。经过几番较量后，答语的问题成功解决。

三是故装弱势，博取同情。午睡班上纪律总是很差，这天进入教室后他们和往常一样叽叽喳喳。一分钟后安静下来了，我把躺椅打开，有气无力地说："今天，到现在为止，我没休息一会，感觉手术的伤口都开始疼了。中午能不能让我安静地躺一会，你们也把眼睛闭上休息一会，好吗？如果能坚持安静三十分钟，就给你们放故事听。"他们可能看出了我的虚弱，似懂非懂地点点头，午休期间，偶尔有"窸窸窣窣"的声音，马上就有其他孩子"嘘"的声音。以真诚对待学生，他们也会给你意想不到的关心，呵护学生的纯真、向善，他们就会向着你希望的方向努力。

📖 喜欢你，所以喜欢上数学

当上班主任后，每天要花更多的精力和学生与家长打交道。孩子们经常会制造出各种意想不到的事情填充我的时间，直到下班也不能放松。这天下班回家路上，又接到了小泽妈妈的电话，语气急匆匆地说："胡老师，已经放学快一个小时了，培训班老师说没见到小泽，他放学离校了吗？"我一听到孩子没回家，心里"咯噔"一下，立马下了地铁，按照他放学路队的顺序，给他前后的同学一个一个地打电话，结果都没有他的下落。我急得团团转，和学校领导报备后，和小泽妈妈商量，一起回学校，沿路去找他。最后竟然是，小泽进错培训班的教室了，真是虚惊一场。这样一个上课班级都能进错的孩子，在校添乱的次数就更不用多说了。怎样才能让他转变呢？一次偶然的机会，我发现了小泽具有舞蹈的天赋。体育节开幕式表演，我安排小泽在前面领舞，让他教全班动作。为了达到最好的表演效果，课后他经常找我商量修改动作。在舞台上，我第一次感受到了他的万丈光芒。这次活动结束后，他对我的态度有所改变，总是主动跟我打招呼，课后与我聊天的时间越来越多，数学课上的注意力也更加集中了。

📖 认可你，所以积极配合你

一位家长和我说过："胡老师，你是我见过最负责任、最有耐心的老师。"因为良心，所以事无巨细；因为理解，所以互相配合。一年级的家长和学生一样，对于孩子的小学生活充满了期待，也充满着焦虑。为了让家长安心，快速进入角色，我每天和家长反馈学生在校的点点滴滴。生活方面，我把大课间活动、中午就餐、午睡时间都拍成视频，和他们共享。学习方面，我每天反馈当天学习要点、学习准备、课堂表现、作业完成情况。每一周，我会给表现棒的孩子家长打"表扬电话"。如果个别孩子出现作业问题和学习问题，我会加强和这部分同学家长的联系，直到问题的解决。当家长感受到老师对孩子的关注，他们也会积极地配合。在长期的坚持下，家长对于我认真负责的态度也充满了肯定。家长和老师的这种伙伴关系，共同推动着班级的成长与进步。

疫情常态下线上教学

2020 年一场突如其来的疫情打破了教学常态，全市开展网上授课，授课形式、规模之大、时间之久前所未有，对老师、对学生、对家长乃至学校、教育相关部门都是一种考验。学生每天面对电子屏幕开展线上学习，学习效果如何得以实时反馈和保障呢？除了这些学习任务，时间久了，部分学生的心理和生理情况也出现了问题。不仅如此，个别家长也开始力不从心。学校不停地对老师进行线上教学的各种培训，我之前对一些教学软件也有摸索，每天布置完作业后在线批改，提醒学生订正，课后答疑，集中回答学生们的共性问题，每天抽出点时间和学生们聊聊天，关注他们的心理状况，但即便老师再努力，一些学生的学习效果仍然是大打折扣，学习的两极分化问题变得突出。那些学习习惯已经培养起来的孩子，能够集中注意力，自觉对自己提要求，而有的同学在老家，爸妈忙于工作，无人看管；有的同学学习自觉性不强，容易被网络吸引，开始变得散漫……

经过这次疫情，我更加下定决心，再教低段一定要格外注重培养学生好的学习习惯，并对家长进行行为习惯养成的培训，聚集家长的力量，让孩子真正成为学习的主人。作为一名老师，要树立终身学习的目标，与时俱进，才能跟得上孩子成长的步伐，从容应对各种突发状况，做到从容不迫。

回首从教的九年，我没有精彩的教学经历，但磨炼了一颗淡定从容的心，我始终坚信情绪会传染，言传身教、以身作则的力量很大。如果教师每天面对孩子们时能保持乐观开朗的心情，孩子们一定会少一份戾气，多一份开朗。当我在工作中严谨认真，批改作业一丝不苟，他们对数学也会多一份敬畏，对待作业也会更加认真。在班级管理中，多表扬少批评，挖掘孩子们的潜力和优点，他们也会学着带欣赏的眼光去看待世间万物。教育路上，遍地苞蕾，我愿意耐心浇灌，细心呵护，静待花开。

作者简介　胡舒菡，女，湖北襄阳人，2012 年至 2018 年任职于武汉瑞景小学，2018 年入职于武汉市光谷第二小学，主要担任数学教学、班主任、辅导员的工作，多次被评为教学常规先进个人、师德优秀个人、教学质量先进个人等，撰写的论文、案例获得市级、区级奖项，备课组获得区优秀备课组称号。

中小学一线教师评论　　教育是立国之本，教师是教育之本。习近平总书记提出，新时代的教师应该有理想信念、有道德情操、有扎实学识、有仁爱之心。教师专业成长离不开坚定的信仰，必须牢固树立终身学习的观念，要想给学生一碗水，教师就应该有一桶水，并且这水是源源不断的活水。作为一名教师，要不断地丰富自己的知识储备，提升自身文化业务素质，才能站得更高，看得更远，以广博的知识赢得学生尊敬。教书育人，还需要有温度、有爱。德国教育家雅斯贝尔斯说过："教育是人类灵魂的教育，而非理性知识和认识的堆积。教育的本质意味着用一棵树摇动另一棵树，一朵云摇动另一朵云，一个灵魂唤醒另一个灵魂。"眼里有学生，才会看见他们的与众不同；心中有学生，才会尊重他们的特立独行。立足于学生，遵循规律，教育才会有生命力。（乐希，武汉市光谷第二小学数学备课组长）

高校教师评论　　从"初为人师的焦虑迷茫"到"千锤百炼后的坚定自信"，胡老师以自身的专业成长诉说着关于教书、关于育人、关于为师的思考与感悟。关于教书，在听课、磨课中摸爬滚打，在"真刀真枪"中汲取经验，集"个人之思"和"他人之力"成就自我，这是每一位教师的必经之路。关于育人，胡老师用行动完美诠释了"育人如水，润物无声"。"尊重对方，互留余地""虚张声势、请君入瓮""故装弱势，博取同情"看似与育人无关，实则是以学生的成长发展为基、以学生的个性需求为主，给予尊重、包容、引导与鼓励。关于为师，用心于教育、尽心于教育、收获于教育，从而体会职业带来的幸福感与满足感。作为成长中的人，教师必须成为学习者，与时俱进，做一辈子教师必须一辈子学做教师。无论是教书育人，抑或是个人成长，都需要在反思中不断改进，在改进中持续提升。且行且思，做教育的行者；学会空杯，方能走得更稳、更远。（付卫东，华中师范大学信息化与基础教育均衡发展协同创新中心副教授，博士，博士生导师，湖北省高质量发展研究院副院长，长江教育研究院研究员，国家教育治理研究院研究员）

向青草更青处漫溯

（宜昌市西陵区明珠小学　李静文）

大学记忆

2010 年 9 月，我考入湖北第二师范学院，就读于教育学专业。虽然我选择了师范专业，但一开始，我并没有很确定要当一名教师。刚进入大学，免不了迷茫。有时候觉得自己别无选择，有时候又觉得自己有很多的选择。也许是无心插柳柳成荫，也许是心里有那么一丝丝的小火苗，大学生活中的种种影响，为我成为一名教师埋下了种子。

📖 课堂锻炼

记得大学里有些课程，老师会让我们自己分组上讲台试讲。刚开始接到上讲台的任务，我的心情是复杂的，有兴奋和期待，因为这对我们来说是挑战，当然也有担心和抱怨。结果是，在这些课上，我们熟悉了讲台，注意到了自己的讲话习惯，提高了自己的能力。在讲台上，我有过慷慨激昂地阐述自己的观点，然后得到大家的夸赞的情况。很多时候，虽然紧张，但那种大家都被我吸引的成就感，给了我很大的勇气。也有过为了消除紧张，就照着课本读给同学们听，同学们都不理睬的情况。这时候的我虽然会内心失落，但我明白了在讲台上要真诚，也了解到了照本宣科的不可取。我们不断地站上讲台，不断地进步。

在大学的课程里，我们了解了许多的大教育家，了解了他们的教育观点，理论学习加上实践操作，使我们有了底气。

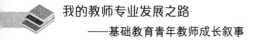

老师的影响

从小学到高中，我们学知识，交朋友，实现了同化的过程，却忘了寻找自己的个性。在这一点上，学院的刘永存老师对我的影响很大。我很喜欢他的一些观点，就连后来参加面试答题也是用的从他那里听来的观点阐述。我的面试分很高，我想他的这些观点一定是加分项。还有学院的其他老师，在他们的课上，我总能汲取到养分。老师们也为我们推荐了《放牛班的春天》《死亡诗社》等影视作品。在观看这些作品的同时，我仿佛在一步一步地接近这些优秀的老师。我在想，当不当老师，我可能不够确定，但如果可能的话，我想成为这样的人。如果要为当老师找一个理由，那便是我欣赏你欣赏别人的微笑，成全别人的姿态，并为此热泪盈眶，那是多么耀眼的光芒！这也许就是理想的雏形。

行知班导航

在行知班的日子对我来说是一段愉快而充实的时光。能够加入行知班，我很幸运。行知班里有着可爱的老师和团结的同学。在这里，我遇到了并肩作战的新朋友。我们一起上课、一起听讲座、一起练习普通话、一起模拟课堂。在这里，我找到了方向、找到了动力，获得了成就感。还记得，每天早上我们站在教室外，头顶着书练站姿。还记得，田恒平老师说为我们准备的一百场讲座。在这些讲座中，我们感受到了教育人的魅力、教学研究者的睿智。还记得，专业老师对我们普通话的指导。我们进行着听课评课、讲故事、无领导小组讨论等一系列的技能训练。同时，我们一起参加户外拓展，一起开茶话会。更重要的一环，便是行知班为我们安排的实习。我选择到武昌实验小学实习，在优秀的学校我受到了一定的熏陶，眼界也开阔了许多。跟着优秀的老师学习，受益颇多。

茫然又急迫的第一年

我很喜欢小孩，但在我的记忆里工作的第一年是痛苦的。我怀着美好的憧憬和满腔的豪情壮志做着准备，希望自己成为一名有活力、有能力的老师。到学校报到以后，我被安排当小学一年级的班主任，教语文。我没有研究过小孩子在群体中会有的表现。在我的认知里面，小朋友很可爱，做什么都很可爱，都是可以被原谅的。我相信我能包容他们，引导好他们。开学一个星期，我的自信迅速被击碎在地。对小朋友的课堂管理、规矩意识培养在我这里都是零。我以为的教育学生是面带微笑，轻声细语。哪能想到，孩子们在教室便大吵大叫，站队就到处乱跑，没有一刻是安静的。我所学的那些教育理论在真实的生活中不起作用了。我只是用一种嘴里喊出来的爱去对待他们，又好像在很多时候为了让他们安静，我都来不及去想爱不爱他们。

和孩子们最初相处的两个月是很头疼的，我不断端起一副厉害的样子吓唬着他们，希望他们听话，他们好像是很怕我了。在第三个月，我希望和孩子的关系缓和一些，刚好一个星期一的上午出去开了一个会。第一次，学生们对我说："老师，你上午去哪儿了？我们好想你啊！"那天真的样子，让我的心一下子融化了，我开始不那么凶了。以后的时间里，我常常收获到这种"关心"。放假的时候，看见陌生的孩子我开始想念班上的孩子们。节日里，给孩子们发礼物，有孩子说："老师笑了！老师，你为什么笑啊？"我几乎不假思索地答道："因为我看见你们开心所以笑啊！"我收获了一些小确幸，但更多的时候我依然很茫然。我也知道，这时候我应该请教有经验的老师。但一来我好像陷入了每天除了上课就处理学生问题的漩涡中，二来我觉得哪哪儿都有问题，我都无法理清，从何说起？这时候的我疲惫又无助。每个周末，我的脑子里全是班上的事情，全是关于孩子们的事情，不是回想美好的事，而是回忆出现的问题。我开始在日记本上反思，记录自己的心情。如今再翻开日记本，我看见了自己给自己罗列的问题，也看到曾经的自己整日扑在教室里，同办公室的老师都纳闷我的精力怎么这么旺盛。在日记本中，我还惊喜地看到了自己当时好的心情，孩子们好的转变。

不断成熟的专业成长

工作后的两三年里，我的付出还是有了些收获。我一心扑在教室里和孩子们相处，用心去和孩子们交流，认真对待有关孩子的大事小事，不仅孩子们感受到了，家长们也感受到了。我们的孩子本就聪明活泼，善良美好，不知不觉间他们也更加有规矩，有责任感了。家长们遇到我也经常和我汇报孩子的进步和变化，表达着他们的感谢。我觉得自己很幸福，然而这幸福之中却一直带着隐隐的，进而成为深深的担忧。因为我常想孩子们太美好了，我是否配得上去引导这美好，是否有能力去守护这美好？我每天的教学内容孩子都掌握了吗？我给孩子做了很好的示范了吗？我对孩子的教育起到作用了吗？我想我的爱依然停留在表面，从教育方面来说，我还不够合格。于是，我想要学习，好好学习，希望自己能够不让那些明亮、求知的眼睛失望。而在生活中，很多时候，当我将孩子的行为合理化以后，正确的教育成了一个问题。我只能去尝试、去思考、去探索，以便让自己游刃有余地解决问题。

信息技术应用于教学

在我重新接班带一年级的这个寒假，疫情突然爆发。孩子们才在学校上了半学期的课，刚刚学会遵守规矩和纪律，便要开始在家学习了。接到要上网课的任务，我们老师们都是迷茫的，也明白这充满了挑战。老师与老师之间都是通过电话联系，用电脑召开会议。第一次坐在电脑前准备上网课，我心里有些紧张。因为是直播，最好不要有任何多余的话，这对我们说话的要求就更高了。由于全程是老师讲，不好互动，我也很担心班上的学生是否能掌握了知识，所以在批改孩子们写的生字时，我会格外仔细。针对老师们如何上好网课，我们也分年级组尝试了各种方法。比如，老师直接讲或者提前录课等方法。因为家里有两个小宝宝，我白天根本做不了事情，所以都是等晚上孩子们睡了以后才开始备课、查资料，提前边讲边录好课，等第二天上课的时候直接放给孩子们看。总之，对于上课，我们都找到了适合自己的方式。对老师来说，这些经历也是一笔财富。

教学竞赛课

作为教师，最让人成长和有成就感的事情当然是能参加优质课竞赛。今年四月，我参加了区里的语文优质课竞赛并荣获一等奖。这一年，我能非常积极地报名参加优质课竞赛，很大一部分原因是我的师父陈玲老师的鼓励。她是我们学校的特级教师，在我心里，她就是那种非常有天赋，非常有能力还极其认真的老师。她的语文教学非常优秀，课堂语言优美，听她的课就像在听诗人念诗一样，如沐春风。这次的语文课竞赛，我选择执教的课文是部编版三年级下册语文第二十课《肥皂泡》。决定上这节课以后，我在学校教研组集体备课的时候讲了我的想法，学校有资历的老师都不太希望我选择这一课，原因是这篇课文的作者是冰心，课文里面的一些词语晦涩难懂，读起来都很拗口，对文章理解的深浅难以掌握。毕竟是竞赛课，老师们担心这篇课文很难上得出彩。但当时的我只是觉得每篇课文都需要有人尝试。我做了一些准备，也遇到了困难。第一次试教之后，我发现作者将肥皂泡写得如此之美，我却有些无动于衷，它的那些美我感受不到。也许我怀念的是那个年代，喜欢的是吹肥皂泡的好玩儿。和孩子们一样，我从来没有认真观察过它，想象过它。连我都感受不到肥皂泡的美，更别说启发学生去感受了。课上得非常乱，孩子们只对吹肥皂泡感兴趣，吹起来就一发不可收拾。课上到一半，我就开始冒汗，居然有些上不下去的念头。教室后面还坐着那么多听课的老师。课后，面对老师们的评课，我简直快要哭了，我觉得好难，脑海里想换一课的想法马上蹦出来了。陈老师知道后鼓励我再克服克服，选择了就坚持做好。听了陈老师的话，我还是坚定的上这一课。如何解决课堂中的问题呢？下班后，我坐了两趟公交车，一个人坐在公交车上摇摇晃晃的，思绪却格外地清晰。我开始思索课堂上的问题，边想边得到了新的灵感。回家后，我开始观察肥皂泡，想象它的样子，感受它的美，这才有了些感觉。第二次试教，我得到了老师们的肯定和夸赞。陈老师激动地和我说，我一定要好好帮你把这节课磨好。我开心极了，心里满满的成就感。

这节课，我在学校一共做了六次试教。在教研组老师和陈老师的指导下，不断打磨课堂上各个环节，使语言精练，以老师的语言营造孩子们欣赏美的氛围。每一节课，陈老师都详细地记录下我出现问题的地方，自己思考后与我交流。每一次上课，陈老师都不辞辛苦地帮我用手机录下来，课后我再仔细看课堂上出现的问题，我非常感激我的师父。在没有公布成绩的日子里，我觉得尽力就好，无论几等奖都能接受，唯独只是怕辜负了陈老师。正是有了好的团队和生命中的贵人，我才能取得好的成绩。

当然，我一直想上《肥皂泡》这节课的时间对我来说是最好的时间。在我看来，老师要发展，先得弄清楚一节课基本该有的样子，再深入学习研究课堂的本质。将基本课堂弄清楚对于老师的发展很重要，它也因人而异。我刚参加工作，不知道上课是什么样的，就学会了照葫芦画瓢，也学习模仿过名师的课堂，结果是有听课老师夸我熟练、老道，上得不错，只有我自己是心虚的。扪心自问，我不懂课堂该有的样子，也不懂怎样去上好一节课，在日常的教学中，依然是困难重重。我照着那个样子教，却总是觉得飘在天上，不让人安心。我不断地提醒自己，先解决三个问题：一是时间观念，心中一定要有四十分钟的概念，课堂没有个节奏，总是拖拖拉拉、啰啰嗦嗦，课上起来很吃力；二是上课语言要简洁，要干净利落，不要总是重复学生的话，讲解内容也总是重复一遍又一遍；三是一定要关注学生，关注学生的想法感受、思维方式并及时引导。在参加工作的第七个年头，我才突然有四十分钟的时间概念，才明白课堂要做些什么，才刚刚走进课堂的门口。花了七年的时间才摸到一点门道，也许是有些晚，但我的内心却从容了很多，这种从容和坦然给了我很大的勇气。

我收获的桃李

"老师，小宇子打我！" "老师，小宇子拿我东西！"每天，我都会收到几起告小宇子状的报告。离谱的是，中午午休时间，我在班上清点人数的时候发现少了两个人，找了半天，发现这两个同学在楼下闲逛。等我把这两个孩子找上来问的时候，他们才支支吾吾地说："是小宇子喊我们中午打午休铃后到楼下站着晒太阳的！"我纳闷了，问："小宇子又不是班干部，又不是值日生，他说的话你们就照做，为什么呀？"两人一齐低下了头。小宇子给我的答案是逗他们玩的！我又气又不能理解，他一个一年级的小朋友为什么会这样戏弄同学。结果是我将他叫到办公室教育了半天。对他的批评教育并没有什么效果，每天还是不停地有学生告他的状。一天中午，学校一位老师带着他和班上另一位同学小涵来到我的办公室，向我反映说在六楼的一间教室发现他们两个人在里面不知道在干些什么。学校教室都是在二三四楼，一般情况下，学生是很少上六楼去的。我询问后得知，是小宇子带着他去六楼玩的。我真是觉得，这娃是又调皮又坏，胆子还大，还屡教不改。我试过找出他身上的优点鼓励他，但都没说到点子上，对他也没有作用。我和他的家长沟通过，也家访过，了解到他和爸爸妈妈在一起生活。他的爸爸妈妈是外来务工人员，爸爸每天晚上上夜班，白天睡觉，妈妈上白班，都很辛苦。家长管得很严，但由于很忙，大都没有时间管教。就这样，我和他在不断的教育、批评、再犯错中反反复复。

真正让我改变对他的看法的是一次遇见和一次听见。这天，我在下班的途中遇到了他，我看见他一个人提着一瓶酱油往家走。隔很远，他就看到了我。他看见我时不好意思地红了脸，喊了声："老师好。"我问他："你一个人？"他说："对呀！妈妈喊我帮他买酱油！"我说："你怎么这么棒！"他走后，我感慨万分。打酱油现在虽然成了网络用语，但我看到的是一位孩子的勇敢和自立，或许还有些许无奈和委屈。每一个孩子都是家中的宝贝，别说去买一瓶酱油了，下楼一趟都是要家长陪伴左右的。而他，只有七岁。七岁的孩子这样的懂事和独立，我认为在现在的社会环境中是很了不起的。他的妈妈在和他谈心的时候，总说的话就是爸爸妈妈上班很累、很辛苦，你要懂事、要听话。我突然理解了他的顽皮，那也许是一种无意识的反抗。还有一次放学后，小宇子的妈妈向我询问他最近的在校表现，我和他的妈妈聊了半个小时，他妈妈的一段话让我的心一沉。他妈妈说，小宇子每天放学后就跟着隔壁同学的妈妈回家，回到家就先把饭煮着，等着她下班买菜回家做饭。有时候早上，小宇子会自己起床后在家里炒鸡蛋饭吃，炒好后还喊妈妈一起吃。随着孩子妈妈的诉说，我的脑海里出现了一个小小的身影，拿着锅铲炒着饭，这画面让我的心久久不能平静。我心疼他，心疼他小小的肩膀上扛着一份大大的担当。他在我心中顽皮的形象被了不起取代。我一直觉得家长不应该要求孩子太乖，孩子只是孩子，不应该被要求承受太多生活的重负。我想，他是真的很棒！

我开始在同学们面前表扬他，真心地表扬。表扬他的自立、表扬他的勇敢。同时，我也对他表达了我的心疼和期待。我再和他谈心的时候，他不再是一副无所谓的样子了，而是好像找到了一个懂他的人。我也开始让他做我的小帮手，帮我发发本子，帮我喊同学订正作业。一段时间后，同学们几乎都不再告他的状了。他很聪明、很机灵，我又让他管班上的卫生，他总是能快速地发现同学们乱丢的现象，并让同学们改正。渐渐地，什么事情交给他，我都会很放心。他也是，每天都开心地叫我老师好，有时会突然出现在我面前，问我还有什么需要帮忙的？他的妈妈也和我说，他现在在家里的表现真的很不错，在家也不乱丢东西了，经常将家里也收拾得整整齐齐。而我呢，总会和妈妈说："你们还是想办法，多多陪他，不要将家里的事情跟他说太多，孩子该有孩子的轻松。鼓励他自立，夸赞他能干，但不能要求他背负。"现在，孩子的状态越来越好，我也坚定了去理解孩子们的心。

冯骥才先生说的话很在理，"风可以轻易吹走一片大大的纸，却吹不走一只小小的蝴蝶。因为生命的力量在于不顺从。"我想我们不应该只看到孩子的不顺从，却忽略掉孩子身上的那股生命的力量。

在教育的路上，我们对孩子所有的理解和等待都来自我们教育的初心，而为人父母使我们更深层次地理解了这初心。我偶尔看着我天使般的小宝宝，只是单单想象着她们初入校园的样子便能泪目。孩子像世界上最矮小的战士，走进自己的战场，身后再无父母的陪伴和保护。在学校的时间，无论孩子遇到了什么事情，做父母的都无能为力，他们唯一能寻求帮助的就是老师。身为老师，就需要事无巨细，去关心孩子、理解孩子、引导孩子。这么想着，再看着我们班四十几位小战士的时候，我的眼里多了些柔软的坚定。

我带过的班级

高尔基说过："作为一种感人的力量，语言的美产生于言辞的准确、明晰和动听。"对于教育来说，大多数时间都是由人与人之间的语言完成的。其中，老师的语言对于孩子的影响至关重要。孩子似乎天生就有着强大的模仿力和记忆力，老师说的话或者老师的说话方式是会在他们身上留下印记的。用他们听得懂的话教育他们，他们会听得很认真。

老师对孩子们说的话，要不断尝试着思考以后再表达。找准孩子能接受的点，用优美的、容易让他们接受的语言和他们说，教育效果也不一样。由于我是从一年级开始带我们班的孩子们的，我尝试着去和他们讲道理的时候，总是觉得孩子太小，说了他们也不懂，进而也不听。我也有放弃的念头，心里想着：说了也不懂，就用最直白的话告诉他，要听话，不讲话，不能乱丢垃圾……这样过了一段时间，孩子们的表现并没有什么改变。一天上课，我希望孩子们遵守纪律，他们却不按照我的预想来。我直白地说："请听讲！"很明显，这样的话是苍白的，孩子们依然很自我。突然，我看了看窗台边的植物角，于是停下来，对孩子们说："有同学知道小树苗的成长需要什么？"孩子们回答："要施肥、要浇水、要阳光、要土壤……"我说："对呀，你们就像小树苗，你们要成长，需要爸爸妈妈的建议、需要老师的引导、需要同伴的提醒，这些都是你们生命中的土壤、肥料、阳光……我们该不该倾听呢？"他们睁着大大的眼睛看着我，听得好认真。从他们的动作神情，我知道他们已经明白自己为什么应该去倾听了。

还有一次，班上要求建立植物角，有些孩子带来了植物，放在窗台上。下课后，孩子们有的出于好奇动手去摘植物的叶子，有的出于好心给每一盆植物都浇上了水，导致一盆植物被浇了好几次水。植物们都苦不堪言，植物的小主人都哭着来找我主持公道。我去班上强调了几次不要动这些植物，可是这些情况还是在发生。终于，在一次班会课上，我对孩子们说："请带植物来的同学起立！"几个孩子站了起来。我接着说："大家看一看，窗子外的植物都是他们送给大家的礼物。我们一起谢谢他们！平时，别人送你礼物，你都怎么对待？我们应该怎么对待呢？"有孩子马上想到要"珍惜"。我说："对了，要珍惜，要呵护。有些孩子做得很好，呵护了这些植物，每天浇一杯水。

我们来问问这些植物的小主人，这些植物每天都要浇水吗？"大部分孩子说不需要浇这么多水，浇多了植物会死的。有些孩子马上低下了头。我说："表扬这些有爱心的孩子，在帮助它们的小主人呵护它们，但是做好事得问明白或查清楚，否则很有可能会把好事做成坏事。"那以后，班上没再发生植物被破坏的事情。

说话是一种艺术。不要害怕他们不懂不记得，不断地熏陶也会让孩子们变得不一样，老师说过的话他们也许能记得比你想象得要深刻。之前在课堂上，我对孩子们说的话都是想到哪儿说到哪儿，没有注意过。我也没有想过这些话会对孩子们产生什么样的影响。直到有一天，我发现孩子们的学习有些懈怠，开始和他们讲道理，要他们进步的时候，有个孩子突然举手，说："我记得一年级的时候，老师你说过，学习就像金字塔，有的人在往上走，有的人会往下滑，越往上爬，位置越高就越难坚持。能到金字塔上面的人也最少，所以我们要坚持努力。"我当时大吃一惊，现在他已经是三年级的孩子了，却还记得我一年级和他们说的话。我知道，那时我说这话的时候，是怀着他们听不懂，只是提一下的心态说的，然而有孩子却记得清清楚楚。我越来越感受到对孩子说话的教育性了。

我觉得这些话算是好听的话，他们很容易接受，在以后的教育中，我偶尔也会想一想，用他们容易接受的、喜欢的语言去和他们说话。只是这种灵光一现或思考后再说话的时候都比较少，在学校生活中，我应该多应用。同时，我认为会说话最大的基础是阅读。老师不断地阅读积累是会说话的前提，是源泉。老师如果心中有大千世界，孩子们是能感受到的。

作者简介 李静文，女，宜昌市西陵区明珠小学语文教师，曾担任班主任、语文学科教学等工作，多次获得奖励。

中小学一线教师评论 执着追梦，且行且思，是李老师专业成长的秘籍！从胸怀梦想，初登讲台却茫然无措，到笑迎挫折，勇于挑战，再到课堂内外，耕耘梦想，遇见教育的美好，李老师一步一步褪去青涩，走向成熟。相信每一位教师看到这里，都会有似曾相识的感觉。成长之路，就是为了每一次的精彩蓄力前行。艰难方显勇毅，磨砺始得玉成。做有梦想的教师，意味着眼中有光，心中有爱，意味着用艺术的语言播种爱，用尊重信任生长爱，意味着在教育科研中，乐于学习、积极反思、主动探索，用教育智慧书写爱！教学相长，每一次锤炼打磨，都是一次提升，定能收获一份惊喜。机遇永远垂青为追梦而有准备的人，在行动中成长——我们都是追梦人！（张芳，黄石市广场路小学副校长，中学高级教师）

高校教师评论 教育是一项具有高度责任感和使命感的社会活动。作为学生心灵的启蒙者和塑造者，李老师用她的"敏感""机智"和"爱"，走进了学生的世界，把爱献给每一位学生。可以说，没有教师的成长，就不会有学生的成长。李老师在从事教育教学工作的同时，扮演着学习者与研究者的角色，在教育教学中不断反思，在反思中发现问题，带着问题深入学习并进行研究，在研究中提升对教育的认识，促进自身专业化发展。李老师满怀着对教育的热情和对学生的热爱，一路行走、一路反思、一路收获——收获一路的故事、一路的经验、一路的幸福。用千百倍的耕耘，换来桃李满园香。"向青草更青处漫溯"，前方将别有洞天。（刘晶晶，博士，湖北第二师范学院副教授，硕士生导师）

静待花开　花香自来

（湖北省荆门市掇刀石高级中学　郑红）

世界上，每一朵花儿都有自己的花期，每一朵花开都有它的意义，这是每一个园丁都知道的道理。为人师者，我们只需要默默耕耘，静待满园芬芳。

父母是最好的老师

父母是孩子最好的老师，也是孩子人生中的第一位老师。1989 年 9 月，我出生在一个并不富裕的农村家庭，有一个相差五岁的哥哥。虽然算不上特别艰难困苦，但是物质不丰富我是深有体会的，这种勤俭节约的好习惯一直伴随我至今。父母对我的爱从未缺失，并不会因为我是一个女孩子而减少。他们像千千万万普通的农民一样，最擅长的事情就是侍弄田里的庄稼，最开心的事情就是有一个好的收成，最大的心愿就是一家人平平安安、健健康康的。他们善良、勤劳、勇敢，用默默付出的方式教会我如何爱家人，让我拥有被爱的喜悦以及爱人的能力。

如果说母爱如水般细腻，那么父爱就如山般浑厚。父亲没有读过什么书，很少给我讲大道理，但是他记忆力很好，很擅长讲各种有趣的故事。劳作一天的父亲喝完小酒，泡杯浓茶，就给我讲《三国演义》《水浒传》及神话传说等，这是晚饭后最开心的时候。但故事的结尾父亲往往会惆怅地说，"可惜因为家里穷，没读书，现在就只能做一个农民哟！"小时候的我其实并不懂得读书的重要性，但是我知道好好读书会让父亲开心。所以小学期间，我的成绩一直很好。真正让我下定决心好好读书的是初中上学的某一天。

2002 年，农村里小轿车还比较少见，但是有条件的家庭都安装了电话、买了摩托车。因为我和哥哥都读书，家里条件不宽裕，所以出行基本靠走，去新的初中要走一个多小时。开学的那天，父亲用一根扁担挑着我的课桌椅和行李。八月底的天很热，父亲的脸被晒得通红，汗水浸湿衣裳，肩膀压得低低的，在砂泥地上留下一个又一个脚印。和父亲形成鲜明对比的是呼啸而过的摩托车，轻盈、洒脱。后来父亲拦住一个骑摩托车的叔叔，让他顺便把我载过去。车后座的同学笑我，你们家连摩托车都买不起呀！我没有回答，小心翼翼地坐在她后面，生怕我的汗水弄脏她的新裙子。在这份尴尬中，我回头看着我的父亲离我越来越远，渐渐看不见。我悄悄抹去眼角的泪，我心里暗暗发誓，一定要好好学习，赚很多的钱，以后让父亲坐上我开的新车，再也不用那么辛苦！

要学习好并不是一件容易的事，幸运的是，在读书阶段，我一直在班上名列前三，物质的匮乏、别人的嘲笑，都抵不过父母殷切的期盼：好好读书。遗憾的是，时隔二十年，父亲还是没有坐上我开的新车，因为我的首驾就撞在了石头上，以至于后来都没胆开车。

我有一个当老师的梦

小学时，因为成绩不错，我一直是老师心目中的宠儿，在小学二年级的时候遇到了不一样的他。他姓彭，是一位新到我们学校任教的语文老师，会唱歌、弹琴，会讲有趣的语文课。有一次放学之后，他把我和另外两个同学留下来，当时被留下的我忐忑极了。结果彭老师给我们每人一只小红笔，让我们对着答案批改试卷。在当时碳素墨水都稀罕的年纪，我竟然有了一只神圣的小红笔，那可真是了不得的事情。我在用小红笔进行批注时，第一次有了想当一名老师的愿望。

波澜不惊地读完小学初中，进入了高中，并在这里碰到了影响我一生的段老师。她是一位年轻的数学老师，虽然年轻，但是她的讲解却很老道。每次听她讲课都有耳目一新的感觉，知识点的讲解循序渐进，又通俗易懂，一堂课下来，总会觉得收获满满。再复杂的数学题，好像听她一讲就觉得豁然开朗。一周一次的练习试卷优选试题，牢牢把握高考命题的方向，对我们的易错点反复考查。她一本本像教科书式的教案、一张张利用休息时间批阅的试卷、一次次和我们交心谈心的对话，每天对我们的陪伴，她扎实的专业功底和敬业精神深深地感染了我，我确定，长大后我就要成为一名这样的老师。

📖 给梦想加油

2009 年，我以一名师范生的身份正式进入湖北第二师范学院政法学院学习思想政治教育专业，毕业之后想成为一名有思想的思想政治教育老师，学高为师，身正为范。为了实现这个目标，我制定了"三步走"战略。

第一步：四学，分为四个层次。第一，要向书本学习。大学四年，我学了大学英语、高数、社会学、法学等几十门课程，还跟着室友去旁听了计算机专业的多媒体教学课程、汉语言文学专业的经典赏析等其他非专业课程，这让我不仅学习到了本专业的知识，学习了教育教学的理论知识，还学习了相关专业知识。第二，要向他人学习。"三人行，必有我师焉。"虽然作为政法系的第一届本科班，招收的学生大部分并不是自愿来学习本专业的，但是大家都很优秀，有的能歌、有的善舞、有的会说、有的实干。大学四年，我向他们学到了很多优秀的品质。第三，要向实践学习。大学期间，我积极参与院系学生会的相关活动，还带领"抱抱团"从招新一步步成长为优秀社团，在武汉光谷策划举办的"温暖抱抱行"活动和"关爱折翼天使活动"还登上了《楚天都市报》，在社会上引起了极大的反响。与此同时，每个星期的工作日我都会到武汉卓刀泉中学做老师特助，帮助老师批改作业，整理图书室。在实践的过程中让我有机会近距离接触学生，了解学生的内心世界，了解初中阶段学生的所思所想，对于老师这个职业也有了更深刻的认识。第四，向问题学习。在教育工作中我常常会遇到一些问题，如如何有效地提高学生的成绩、如何在上课过程中抓住学生注意力等，我发现只有不断探求问题的本质，才能真正锻炼和提高自己的学习能力和工作能力。

第二步，多研究。阅读研究是教师专业成长的必由之路。苏霍姆林斯基说过："读书不是为了应付明天的课，而是出自内心的需要和对知识的渴求。如果你拥有更多的空闲时间，不至于把备课变成单调乏味的死抠教科书，那你就要读学术著作。应当在你所教的那门科学领域里不断探索，使学校教科书里包含的那点科学基础知识，对你来说只不过是入门的常识。"所以我也读了许多与政治教学相关的书籍，如《政治学》《哲学》《社会契约论》等，我会对我认为特别精彩的文章重新阅读、细细体会，或者找出和自己研究的课题有关的论文，分门别类地阅读研究，并进行分析、思考，做读书笔记，这样的阅读带有明确的目标取向，效果也比广泛性阅读好。通过不断地阅读，我学习到了许多经验。在研究的过程中，受杨永华老师的影响最深，他教我们马克思主义原理，因为对他幽默风趣的讲解的喜爱，我们戏称他为杨克思。他给我们另外准备了惊喜礼物——"研究性学习"，主要任务就是写研究综述。他会提前准备一些同课题的论文，然后让我们分小组整理论文内容，形成文档，最后在教室里汇报学习成果。要很好地参与这个活动，就需要我们多读书，为了论证自己的观点，除了他提供的论文，甚至还需要去知网上查阅更多的资料。在这个过程中，首先拓宽了眼界，在学生阶段就可以看到很多优秀的论文，其次提高了阅读理解能力，这为以后成长为学习型老师提供了模板，最重要的是演讲的能力，这是对勇气、语言表达、临场发挥智慧的多种考验。

第三步，时刻准备着。我时刻准备着做一名人民教师，但是对于通过什么途径才能成为一名合法合格的教师我其实是没有头绪的。幸运的是，行知班向我伸出了橄榄枝。第二届行知班仿用了教师招聘的环节，要进行自我介绍和才艺表演，并现场回答抽到的问题。从递交了简历之后，我就在想面试官会问什么问题、要表演什么才艺。功夫不负有心人，我顺利完成了中英文的自我介绍，还以一曲《巴山舞》虏获了同为宜昌人的面试官。虽然我不是最优秀的，但是我充分的准备让我自信和坦然，最终顺利通过了面试。

回忆行知班的点点滴滴，恍如昨日。和志同道合的人一起上课，相当于给自己找了一面镜子；听名师讲课，如同与大师对话；和追梦的人一起备考，斗志满满。行知班给我们准备了形体、一话三字（普通话、粉笔字、钢笔字和毛笔字）、理论学习和实践演练等课程，记忆最深的就是课堂上每位同学需要站在讲台上脱稿讲十五分钟的故事。刚开始的时候，这种上课形式让我感到很崩溃。看似很短暂的十五分钟，到了讲台上却是很长的一段时间。刚开始我总会在课下提前把故事写好，甚至是背下来。但是每次讲出来效果并不好，没有一点激情。我记得有位老师评价我说，"你虽然使出了洪荒之力想要将你的内容表达出来，但是给人的感觉却是十分吃力的复述。"这让我尴尬地想挖个地缝钻进去。后来经过一次又一次严格的训练后，我从最开始只能讲五分钟，到后来的八分钟，再到最后可以轻而易举地讲满十五分钟。当我真正走上工作岗位的时候，才突然明白站稳讲台是作为一名教师的基本功，大大方方地站在讲台上与学生们沟通交流是成为一名优秀人民教师的第一步。路漫漫其修远兮，行知班的旅途虽短，但行知班所学所思所感却影响我至今。

2013年，行知班邀请了华中科技大学附属高中的马明荃老师给我们授课，我有幸跟着马老师到华中科技大学附属高中去实习。作为武汉市一线政治教师，马老师有着丰富的从教经验。在教学上，马老师是一个很严谨，要求很严格的人，他总是鼓励我多上课，给我机会站上讲台。每次上课前，马老师都会帮我一遍一遍地打磨，大到上课的环节是否合理，小到每一句语言的表达是否精准恰当。从说课到上课，总要褪几层皮。磨课的过程是痛苦的，结果是丰硕的。从第一次忐忑不安地由师父陪着进班，到自己独立地站在讲台上侃侃而谈，这个过程痛并快乐着。在生活中，马老师是一个细心的人，他教我要爱生如子，并在生活中给予了我很多关心，帮助我熟悉和适应实习生活。短短几个月的实习使我学会了理论和实践相结合，加深理解并巩固所学专业知识，进一步提高认识问题、分析问题、解决问题的能力，为今后走向教师岗位做好思想准备和业务准备。

长大后我就成了你

📖 道阻且长，行则将至

2013年我大学毕业，经过各种考试，最后一路过关斩将，成了一名编制内的老师。8月我满怀憧憬地来到了荆门市荆襄高级中学，结果迎接我的是来自现实的当头棒喝。学校很偏僻，离市区大概有六十一公里。后来听这里的老师讲，这所学校曾经是当地最好的学校，只不过现在没落了。教学环境简陋，每个教室里只有两块黑板，一个破的讲桌，上体育课还要去隔壁的中学借用操场。整个学校给人的感觉像鲁迅笔下的百草园，有碧绿的菜、光滑的石板路、茂盛高大的白玉兰、在树叶里鸣叫的蝉，还有满墙的爬山虎，总让我担心上课的时候会有蛇溜进教室。虽然有短暂的失落，好在我并没有被这些吓到，反而有种跃跃欲试的冲动。毕竟，不经一番寒彻骨，怎得梅花扑鼻香。在经历了短暂的暑期培训之后，校长安排我的第一个任务就是做高一年级的新班主任。我记得在行知班，辅导我们的老师曾就这个问题与大家展开过讨论："作为一名新教师，应不应该去挑战自己，去当班主任？"当时我的答案是肯定的，作为一名人民教师，教学和教育是分不开的。要想做一名老师，不仅需要具备专业的知识和教书的能力，更要有育人的能力。如果你仅仅把学生当作读书的机器，即使你讲得再好，也不能抵达学生的内心世界，获得学生的认可和尊重，那你也就不能称之为一个合格的教育者。怕学生纪律管不住？怕学生不喜欢？想想就觉得身心疲惫？我觉得这都不是问题。与其把这些挑战留到后面，不如在我最有激情和活力的时候去挑战。敢于挑战自己，才能成就新的自我！我欣然接受了校长的任命，并且成功闯关。

第一大关卡：种地。学校有一个特色课程叫研究性学习，每个班有一块自留地，需要班主任带领学生从挖地、播种、除草到收获等各个环节去体验并成长。虽然我生在农村，可我实际操作会的并不多。于是我先跟着老校长学习如何挖地、如何播种，再教给学生。在这个过程中，要教学生如何实践，还要抓紧机会进行思想教育，凝聚班级合力，要防止学生在使用农具的过程中受伤，其中的艰辛一言难尽，但是收获的喜悦可以化解所有。我至今还保留着同学们第一次享用自己种出来的红薯的照片，稚嫩的小脸上满是收获的满足，有学生甚至说这比街上买的蜜薯还好吃。我想，他已经品尝到了人生成长的快乐和甘甜。

第二大关卡：语言关。我本是宜昌人，对于当地语言完全听不懂，这在我参与暑期培训时就领教过了。这里的大部分老师都是用带着方言味的普通话交流，何况是家长。刚开始与家长、科任老师交流时，我完全听不懂。我只能靠表情、语气连蒙带猜。我发现，语言可能会不同，但爱是沟通一切的桥梁。父母之爱子，则为之计深远。老师之爱生如子，就是要点亮孩子的智慧人生。以爱为桥，我和科任老师、家长之间的沟通无障碍；以爱为桥，陪伴学生成长，使梦想的小船远航。

第三关：专业关。我除了担任高一（2）班班主任，还要负责高一整个年级的政治教学和社会实践课、高二两个班的政治教学。时间紧，任务重，我只能做好规划，统筹安排。为了融入学生，每天我与学生一同起来跑操，上早自习，课间休息多去班上转转，与同学们在食堂一起吃饭，在教室里守着学生午休，抽晚自习前的时间与同学谈心，下晚自习查寝，有学生在的地方基本上就有我的身影。考虑到班上大部分学生没有生理健康常识，我组织了年级的生理卫生课，甚至为了督促学生多吃饭少吃零食，专门守在小卖部门口使学生知难而退。慢慢地，学生开始与我熟悉起来，我成了他们心目中信赖的"小班"。班上的病号少了，参与早锻炼的同学多了；请病假的同学少了，看书的同学多了。而为了在教学上有所成长，我除了在网上查资料，还去听不同老师的政治课。向不同的人学习，总是让人受益的。

在学校的两年里，我与孩子们共同成长，是孩子们最信任的班主任，是很多学生心目中的知心大姐姐，我的课是学校最受欢迎的课之一，我带的班成为全校唯一一个上课不玩手机的班级。年终审核的时候我还被评为优秀德育教师，在参与的班主任培训中获得"优秀学员"称号，2014年3月我的作品《陌上花黄》在第二届油菜花节征文比赛中获二等奖并登上了《荆门日报》，在同年4月钟祥市教育系统的"正师风铸师魂"演讲比赛中获三等奖，参与学校的《高中职业教育的研究》课题顺利结题。

回忆在学校的点点滴滴，我觉得可以用习近平总书记说过的一句话来总结：撸起袖子加油干，是时代赋予我们的使命，更是我们向未来作出的承诺。正是这种面对挑战、主动出击的果决，大大提升了我的工作能力与工作信心，让我在三尺讲台上越站越稳，在自己的教师之路上也越走越远。

2015 年，因为学校改制，我来到了胡集高中，这是一所在镇上的市直高中，学校大约有 2000 名学生。相比就职的第一所学校，这所学校设施更完备，教学条件更好，而且每年的升学率都是同类学校第一，究其原因，并不是学生有多优秀，而是教师教育得法。著名的教育学家叶圣陶说过，"教学有法，教无定法，贵在得法。"

为了教育得法，我首先向学校的优秀教师王平老师请教，获得了秘诀之一：注重学生的认知水平，把握学生的认知规律，是一切教学活动的基础。在课堂上要注意调动学生的积极性，充分发挥学生的主体作用，多让学生动口动手动脑，考虑每个学生的学习需求和学习能力，让各个层次的学生都得到提高。慢慢地，在我的政治课上，学生从有话可讲到言之有理，学生普遍反映喜欢上我的政治课，甚至不爱上课的学生也有了期待。

我获得的秘诀之二是磨课。磨课是教师专业成长的有效途径，磨课到底磨什么？抓住关键来磨功。通过磨课，不仅要让先进的教育教学理念扎根于头脑之中，更重要的是要将理念转化为自己自觉的教育教学行为，其次要结合自身的特点、特长、性格、气质等方面因素，磨出有自己个性的课，磨出有自己风格的课。反思包括课前的思考、对学情的了解、上课的教法、语言的表达等。

我在每节课或每周上完课后，会思考取得哪些预期的教学效果，还有哪些方面值得推行，哪些有待今后改进，课前预设和课中的差距在哪里，学生在学习中遇到的困难和普遍有的问题是什么等。

要真正开展政治教学反思，教师必须养成反思的意识，懂得教学反思的策略。我有时采用教学日记的形式把政治教学中的亮点和不足详细记录下来。同时，询问学生的感受，从学生的反馈中获取改进教育教学方法的信息。我也将自己课堂教学中的想法与同组老师进行交流，从其他教师的视野来思考自己的教学。反思的过程实际上就是观念更新的过程、认识提高的过程、经验积累的过程、能力优化的过程。也就是说，反思的过程就是提高的过程、发展的过程。在这些方面，我还需要不断地向优秀老师学习，不断地积累经验。

课余时间，我也注重积累和总结，2015 年 11 月我撰写的论文《因材施教全面发展》荣获论文评选一等奖。2016 年 10 月课件作品《国际关系的决定性因素：国家利益》在荆门市教育教学信息化作品竞赛中荣获一等奖，在湖北省教育教学信息化交流展示活动中荣获基础教育组课件省二等奖。关注学生成长，我一直要求自己要与学生共同成长。我购买了教辅资料和高考试题，研究各个知识点的联系，分析高考题的考点范围、答案要点，以练备考，帮助学生明确出题模式、思路。事实证明，这种方式是有效的，我带的政治班成绩名列前茅，深受好评。2016年12月我荣获钟祥市胡集高级中学常规教学三十佳称号，并被评为优秀年轻教师。

2019年，是我人生中一次新的转折。2018年10月，我成了一名母亲，在当了3个月的全职妈妈后，我重返工作岗位，而且萌生了一个想法：我要再次参与教师招考。3月报名，6月考试，我只有不到3个月的时间准备，2017年报名的驾考也将在6月迎来截止日期，还有一个随时随地看到我就离不开我的黏人奶娃娃，但是我还是决定试一试。白天上课、练车，孩子睡着了，我背知识点，晚上孩子睡了，抓住碎片时间刷题。功夫不负有心人，8月我以笔试面试均第一的成绩通过招考局考试，成为荆门市掇刀石中学的一分子，作为省示范高中，这里平台更大，更加锻炼人。作为年轻教师，除了承担教学任务，还要承担学校卫生督查工作，忙碌而充实。

2020年的春天和2021年的暑假是非比寻常的，荆门市面临疫情的考验，我们正常的教学秩序被干扰。但是停课不停学，我们从课堂教学转为线上教学。为了实现上课的效果，我辗转使用了腾讯会议、钉钉、抖音等多个直播平台，寻求上课最适合的App，成为传说中的二十八线主播。参与了学校同学科小组同课异构的讨论和学习，每一个知识点要做到精备精讲精练，有时候因为录制课的时候喘气声音过大或者很不流畅，一节课要播课五六遍。后期随着技术支持，我们由录播课转为直播课。在使用腾讯会议上课的时候，我首先做到露脸，有声教学，上课期间坚决不开小差，课堂作业精练精讲，鼓励学生参与互动，积极讲题。课后提醒学生完成作业，抽查背书，督促学生做到有效学习。

经过初期的摸索，网课顺利进行，在解封后与课堂教学形成无缝对接。而我在2020年荆门市廉洁教育说课比赛荣获二等奖，课件《民主决策》在2020年湖北省教师教育教学信息化交流展示活动中荣获二等奖。连续两年，在校内举行的全科青年教师大比武中荣获第三名的好成绩。2021年是我来新学校的第三年，我终于实现了突破，我的课不仅在校内青年教师比武中获得第二名的成绩，还在代表学校参加的大荆宜联盟同课异构比赛中取得湖北省一等奖的好成绩。

回顾至今的教学路程，我打交道最多的就是各种各样的学生。有聪明伶俐能写出堪称标准答案的，有笨拙缓慢，教很多遍还是只能在答卷上写出寥寥数语的，也有那些整天除了不搞学习，啥都参与的调皮学生，让我印象最深刻的也是第三类学生。比如，我2013年当班主任时遇到的"四大金刚"，上课睡觉，顶撞老师，打架。用校长的话说，"班上这几个娃，学习与他们无关，坏事一定跟他们有关。"

　　记忆最深的就是有一次他们半夜翻墙出去上网，学校的院墙很高，院墙旁边有一棵大榕树，院墙外面是农户。学生在翻墙无望的情况下，他们先攀爬大榕树，然后从树上跳到农户房顶上，最后从几米高的屋顶跳到地面上，奔赴网吧。第二天，农户就到学校来告状，经摸排就是我们班的学生。校长找到我就是一顿批评，要求严肃处理。对于这样的孩子怎么办？据我所知，这几个孩子作为班上的调皮大王，没少挨老师的训，没少挨家长的揍，为什么还是屡教不改呢？一番思索之后，我找来了这几个孩子，先告诉他们行为已经暴露，这个事件性质很恶劣，后果很严重。我话还没有说完，其中一个孩子说："老师，你不用吓唬我们，大不了不读书了，我不怕。"看他油盐不进，其他小孩也是一脸附和，就知道常规说教方法已经不行了。于是我说，那咱们去"案发现场"看看吧。来到了校园内的榕树旁，我问他们怎么上去的。果然只要不是批评他们，他们一个二个地就争先恐后向我炫耀他们的技能。

　　后来，我们又来到了农户家，相对于爬榕树的兴高采烈，看到屋顶和地面的距离，他们不说话了。我问他们，"现在白天，你们还敢直接跳下来吗？"其中一个硬撑着说，"当然敢。"我说，"那你们再跳一遍吧。"没有人应声。我说，"试试？"没有人应声。僵持了一会儿，有学生说老师我们错了。后来，在他们深刻地认识到翻墙的安全隐患并做了检讨之后，又去给农户家的老奶奶道歉。虽然自那以后，他们并没有像电影里演的那样从此一心向学，但是他们不再无底线地挑战校规校纪。

　　我也曾对这样的"问题生"苦口婆心地劝过，大声地呵斥过。我一直在想，这样的孩子该怎么办？王尔德说过："每一个圣人都有过去，每一个罪人都有未来。"因为犯了错误的学生，在心理上已经很缺乏安全感了，他们内心产生了害怕、担心、焦虑和恐惧等糟糕的情绪，对于有错的人，我们不能弃之不理，而应该用积极的眼光看待他的未来，给他更多帮助。我们不能因为他犯错就全盘否定他，而应该相信他未来会做得更好。

　　很多人把老师比作园丁，把孩子比作花朵。每一个孩子都是一朵花，只是花期不同而已，我们要做的就是"静待花开"。在孩子成长的路上，我们需要给这粒小种子阳光的照射、雨露的滋润、肥沃的土壤的滋养。只有这样，小种子才会慢慢生长。有的孩子不懂事，可能花期未到。只要给他足够的时间，静静地等待，花香自来。如果他一直没有开花，可能他是一棵大树，总会有长成栋梁之材的一天。我们老师能做的，就是在他开花或者成长为参天大树之前给予他足够的时间和爱，静静地等待，等待花开，等待树高。

📖 行而不辍，未来可期

桂子飘香，我已经在本职岗位上度过了第九个教师节。目前所取得的成绩只是对现有工作的一种肯定，成绩属于过去，明天任重道远。我深深地懂得，以后在教学这片热土上，还需要我守住初心，砥砺前行！我深知，既然选择了教育，便只顾风雨兼程；既然钟情于教育，就勇敢地铸魂育人担使命；只要热爱教育，一切都在意料之中。行而不辍，未来可期！

作者简介　郑红，女，湖北宜昌人，中共党员，湖北省荆门市掇刀石高级中学政治教师。曾担任班主任、体卫艺组织委员等职务，曾获得校内"优秀年轻教师""优秀班主任"等称号，在市级同课异构比赛中获二等奖、省一等奖等。

中小学一线教师评论　无产阶级革命导师马克思曾言："在科学上没有平坦的大道，只有不畏劳苦沿着陡峭的山路攀登的人，才有希望达到光辉的顶点。"我想说，在教育这块神圣的领土上，同样没有平坦的大道。只有信念坚定、知识丰富、爱生如子、勇挑重担的人，才配称为人类灵魂的工程师。青年教师郑红的从教经历很好地诠释了这一点，不忘从教初心，源于矢志追求，在经济大潮的冲击下，尤显可贵。牢记教书育人使命，体现在她身上的就是无论在什么环境下，学习学习再学习，从自己的桶中给学生一碗活水，爱生如子，视如己出。只有勇挑重担的人才显气度、才显风度、才显力度、才显大度。若如此，则印证了一句话：没有教不好的学生，只有教不好的老师；若如此，中国教育大有希望；若如此，则教育圣坛鲜花处处盛开。（梅羽良，湖北钟祥市胡集高级中学副校长，语文高级教师）

高校教师评论　郑红有一个当教师的梦。湖北第二师范学院是筑梦的地方，在这里她学习，学习思想政治各门课程与教师教育的课程；研究，参与项目研究，撰写毕业论文等；深度练习，反复训练讲好一个故事，说话与交流；实习，在指导老师指导下开展课堂教学。毕业后她梦想成真，成为一名中学教师。还是这四样，只是比重有所变化：实践，课堂教学，当班主任；磨课，反复不断练习上好一堂课；

学习，不停地读书，外出进修；研究，结合实践工作，发表了不少论文，获得了论文奖。她说："行知班的旅途虽短，但行知班所学所思所感却影响我至今。"原因在于职前职后的同构：实践探索、深度练习、主动学习和专业研究。（熊华生，湖北第二师范学院教育科学学院教授，博士，《班主任之友》杂志副主编）

心中的热爱

（武汉经济技术开发区奥林小学　王亚雪）

毕业，已近九年。从来没有这样的机会，去回望来时的路。走在这条路上，我曾经迷茫、痛苦过，甚至想要放弃；但正是曾经痛过，才让如今的职业幸福感显得愈加珍贵。

梦开始的地方

📖 梦想开始，立鸿鹄志

大三结束的那个暑假，考研、工作、考公、考编……我们站在人生的十字路口，不知作何选择，好似一个小小的决定就能影响今后人生的每一步。而我，也并不是一开始就打定主意从事这份职业的。

2012 年，第二届行知班开始招生时，我抱着试一试的态度，幸运地通过了面试。开班仪式上，田恒平老师告诉我们"这是一个致力于帮助二师学子考编的集训班，今年是第二届。"田老师用简短的话说出了我们行知人共同的目标：考上教师编制。但是，行知班对每一个行知人的影响，却远不止于考编。白岩松说，"没有人的青春不迷茫，只要我们知道自己想要什么，一切就都会好起来的。"在行知班，我们找到了人生的方向。行知班，是我们梦想开始的地方。

📖 坚定信仰，奋勇前行

在行知班的那段时光，是我们一生中最好的年华，我们远离浮躁、发奋学习，与省市优秀专家和一线教师面对面交流：桂贤娣、谭细龙、田恒平、王坤庆、陈欣、张祖春、扈华为、周诗杰、罗之慧……此时的我，坐在电脑前，想起9年前老师们的谆谆教诲，时而微笑，时而泪目。那些文字犹如穿越时空，提醒着我：学为人师，行为世范。

"人有一种惰性，在一个安逸的地方待久了，就不愿意挣扎了。'温水煮青蛙'中的青蛙就是这样被煮死的。所以想清楚你的方向在哪里，这比考试更重要。"

"请不要把自己当成教书的机器。请不要把教学当作自己的负担。"

"上课不听讲的孩子，你可以点他回答问题。但如果一直回答不出来，也不要让他一直站着，可以提醒他：我接下来有一个问题，我可能会点你起来回答。"

"让你接触的孩子感受到温暖。"

"挖掘孩子的优点，让他自信。"

……

老师们的话，承载着不一样的故事、情感或哲理，已然深植于心，成了我教师职业路上的信仰，也让我更加坚定地选择教师这条路。

大四，同学们都开始了毕业实习或者找工作。只有我们，从大学闲适的生活状态一下子回到了近乎高三的紧张学习状态，成了一名教师"练习生"，接受着细致而专业的培养。第一阶段是教师基本职业素养和学科专业能力培养，第二阶段是武汉市知名中小学跟岗实习，且由省教研员作为我们的校外导师。

行知人累并快乐着，因为我们心中有梦想，脚下有行动。清晨，我们去自习室苦练普通话和英语口语基本功；白天，聆听专家们精彩的报告；晚上，所有行知学子齐聚行知教室，提升教师基本素养和技能：能写一篇逻辑清晰的教案、能绘声绘色地讲一个故事、能声情并茂地朗诵、能写一手规范工整的粉笔字……

"要想成为名师，从仿课开始。"专家们还带着我们一起观摩全国优质课，带我们分析什么是一节好课，从哪些角度观摩一节课，优质课中我们学习模仿些什么，甚至教师的一个眼神、一个动作对学生有着怎样的教育的意义。教师的基本功，是我们将来走上讲台的立"足"之本。

📖 榜样如炬，激励前行

我最喜欢和钦佩的老师是湖北省小学教研员——周诗杰老师。他一身西服，气质颇有点领导的感觉，却言谈幽默；一开口，标准的英式口音。周老师说他每天6点起来，听BBC新闻练习英语听力和口语。已经是全国英语教学圈中专家人物的他，依然每天练习着基本功。报告中，周老师还用夸张的演绎手法，给我们呈现了英语经典绘本童谣 We are going on a bear hunt，体现着一位小学英语教师最基本的素养。英语教学，原来可以这么有趣。周老师的一句话，至今还烙在心底——"Always bring your students something new and interesting."（总是带给学生一些新鲜、有趣的事物）。简单的一句话，想要做到却很难，这要求我们常学常新、常悟常思。

走上教师岗位的第二年，看到一则朋友圈："如若时间可以倒流，最想回到哪年哪月哪段时光？"同学们纷纷留言："行知班，忙却又有盼头，对未来充满无限期待！"

时光悠悠，我们都不曾忘记行知班，那个梦想开始的地方。

做一辈子教师，一辈子学做教师

于漪老师说："做一辈子教师，一辈子学做教师。"这也成了我的座右铭。教师这个职业，曾让我充满挫败感，想要逃离。但如今，我已经立志做一辈子教师。也许我不是最优秀的教师，但我愿永葆初心，终身学习。

📖 初为人师，家长质疑

毕业后，我顺利地考入了武汉经济技术开发区奥林小学。对于老师这份职业，我信心满满。毕竟大四一整年，我在行知班参加了从理念到实操的层层磨炼。然而，现实还是给了我狠狠一锤，让我开始怀疑自己是否适合这份职业。

入职的第一年，我担任的是一年级和二年级英语教学工作。开学第一周，我就接到一个班级家长的质疑电话，大意是问我是不是刚毕业，认为我毫无教学经验、太温柔等。我十分委屈，我的确经验不足，也是英语组资历最浅的教师，可是哪一位老师不是一步一步地走过来，逐渐发展成为一个有经验的老师呢？为什么家长们就看不到我的努力呢？一二年级孩子年龄小，能够注意力集中的时间较短。为了让孩子们爱上英语课，我每天白天精心备课，设计丰富多样的游戏、制作精美的教具和单词卡片。我给自己准备了一个备课本，上课前写下每一个教学步骤与每一句教学语言和过渡语，上完课再来写反思，写下这节课的优缺点以及今后应该如何改进，晚上回家后，观摩各级优秀课例视频。

📖 不畏过去，不惧将来

面对家长们的质疑，我的眼泪止不住地流。因为家长们的不信任，加上课堂管理能力确实不足，我一度怀疑自己，并认为自己不适合当老师。直到有一天，我主动找了我的领导，也是我的师父——顾佳老师，说了我的想法。他告诉我，学校看到了我作为新进教师的努力和教学能力，我们作为老师，做好自己的本职，对得起自己的良心，对得起学生，那就够了。最后，顾老师送了我一句话：不畏过去，不惧将来。

从此，我打开了心结，更加努力。为了提升课堂管理能力，我人生中第一个教师节，我送给了自己一本书——《课堂管理能力的六个方法》。我利用课余时间仔细研读，对照着书找自己的问题，学习好的管理技巧；没课的时候，就去听同组教师的课、优秀教师的课，学习班主任老师的班级管理办法。就这样听课、学习、模仿、思考，大概持续了一年的时间，我能明显感到自己进步了，管理学生时，我不再害怕，也不那么手足无措了。

📖 你是班主任吗？

2021 年是我工作的第八年，我没有当过班主任，所以班主任岗位对我来说是神圣的。有一天，我去帮一位美术老师代课，去之前，我侧面了解到这个班是一年级中最难管理的班级。我也在心里打鼓：常年在中高段教学的我，能 Hold 住这群一年级的孩子们吗？

这时的我已经是一名母亲，也读了很多关于教育教学和亲子教育的书籍，更加了解儿童心理。儿童和成人一样，是需要被尊重的，他首先是一个独立的人，其次才是一名学生。于是，我决定采用温柔而坚定的态度，来走近这个班级的孩子们。我做的第一件事是立好这一节课的课堂规矩，接着就是组织学生遵守课堂规矩，让孩子们能感受到他们是在有安全感的环境中学习的。当然，有孩子违反课堂规矩是正常的。放平心态后，我会试着和他共情，轻声细语地对他说："你看起来需要帮助了，有什么我能帮助你的吗？"听到我这样说之后，孩子们会愿意主动告诉我他们的需要。当积极的沟通开始时，孩子们也觉得他们得到了老师的尊重，愿意去配合老师和全班同学营造一个良好的学习氛围。这个班上，还有一位陪读家长。下课以后，她上前和我聊天："你是班主任吗？你经验丰富，教学非常有方法。"我微笑着回她："我不是班主任。"

九年前，我刚刚步入工作岗位，因为班级管理问题而极度痛苦；九年后，竟然被家长误认为是一名经验丰富的班主任。人生如戏，戏如人生，不到退休的那一刻，我们永远不知道自己的职业生涯将达到什么样的高度。

在磨砺中成长，在困难中强大

📖 初次磨课，机缘巧合

2016年，是我入职的第三年。机缘巧合，我有了一次参加区级绘本优质课比赛的机会，但是时间非常紧张，只有一周左右的准备时间，对于我这个"新人"来说难度极大。在师父顾佳老师和同组老师的帮助下，我选定了四年级的一个绘本故事。备课之后，我开始了第一次试教，上完课后自我感觉很差。第一次准备比赛，心里十分紧张，教学环节也不够熟练。同组老师给我提出了一些问题，如教学语言不够简洁清晰、课堂调控和应变能力还不足。顾佳老师严厉地批评了我，当老师们来听课时，上课教师对教学环节应该已经是烂熟于心了，这样听评课老师才能从教学设计和教学活动上给予更多优化建议，否则这是无效教研。师父是严格的，但也是打心底里希望我成长。从此，我把师傅的话铭记于心。无论是校级教研还是各级比赛课，我一定会提前进行多次试教和无生试讲。这是对自己负责，也是对同组老师的尊重。

第一次试教后，除了每天上课的时间，我都在思考怎么上这节课。针对自己的不足，想好应对策略：课堂调控学生的能力弱，那就尽量多地预设学生有可能的生成，以及我应该作何应对；教学语言复杂，学生可能听不懂，就去咨询组内经验丰富的老师该怎么办；绘本故事课要求老师有极高的表现力，那就去模仿原生配音，模仿语音语调语气，还要配以动作和表情。那几天，我像着魔了一般，一遍遍听音模仿，一个短短的句子，要练习二三十次，去揣摩故事的感情，希望把最好的状态呈现给学生。家人戏称我每天在家里"演戏"，在我的影响下，他们也都能把我执教的这个故事绘声绘色地演出来了。

经过第二次、第三次……第N次的磨课，我信心倍增。到了比赛的前一晚，全组老师帮我做最后的赛前准备，每个人都有各自分工，有的老师帮我做教具、有的老师帮我打印教案、有的老师帮我调整PPT，他们对我说得最多的一句话，我至今印象深刻，"这些我们来做，你去熟悉课。"他们解决了我所有的后顾之忧，我一心一意调整自己，使自己达到最佳状态参加比赛。那年比赛高手云集，在英语组的共同帮助下，我脱颖而出，参加了当年的武汉市"互联网＋优质课"比赛，并获得了特等奖的好成绩。

在这样一个上进的、团结的大家庭里，我们专心教研、互助进步，这里是青年教师成长的沃土。

📖 再次磨课，临危受命

2021 年 3 月的最后一天，我在班上上自习。杨帆副校长突然召集全组英语教师开会，说道："由于突发状况，此次教师比武，需要另一位老师来上课。赛程是明天下午参加素养比赛并抽签，清明后的第一天至第三天为绘本优质课比赛。"这意味着，参加比赛的准备时间只有三个半天的学生在校时间和三天清明假期。这么短的时间，一节绘本课从无到有，难度不言而喻。领导说完，屋子里一片沉寂，老师们都沉默了。许久后，杨校长走到我旁边，拍了拍我的肩膀，让我出去聊一聊，表示希望我来上这节课。

其实，一节还不错的课，必定是经过时间的磨砺，不停地思考才能成功。所以，我不太想上，因为我怕上不好。但是，团队遇到了困难，总要有一个老师站出来。所以，我答应了。既然答应了，那就只有全力以赴，这也是学校对我的信任。我赶紧回家拿了一些绘本来学校，与专家和组内老师一起来选绘本。绘本比赛，选绘本是非常重要也非常难的环节。绘本选对了，课就成功了一半。

绘本选好了，接下来就是尽全力准备。组内老师在组长的安排下，合理分工，有的老师做教具、有的老师准备给学生印绘本、有的老师帮我一字一句梳理教学过程，周三当天晚上我们确定了初版的教案、教具和 PPT，周四早上第一次试教，虽然是一晚上备出来的课，评课时我们都觉得效果还不错；下午参加素养比赛并抽签，果然是锦鲤附身，抽到了清明节后第一天的第一节课。周五下午专家来听课指导，给予了意见，并确定了最终版的教具。接下来的三天就是清明假期，结合专家的建议和自己的思考，把课控制在 40 分钟以内并且上得流畅，就是我的目标。清明假期最后一天晚上，同组老师来校给我当学生。听完后，组长说我"演得不错"，这给了我信心。

第二天清早，我开着车去比赛学校，心里还默默地背着教学流程，我已经完全沉浸在课中。上完课后，我得到了评委们的充分肯定，并获得了一等奖。其实，结果如何，已经不重要了，我和我们团队尽力了，并且在这个过程中，我对绘本课有了更加深入的了解和更加深刻的领悟，我自己成长了，那就够了。

教育是一场美丽的遇见

入职至今，除了教学工作以外，我还担任过团支部委员、大队辅导员、工会委员、办公室干事、党支部委员等职务，但是我最爱的还是那三尺讲台，我爱我的学生们。我已经非常享受上课与孩子们和合共生的状态。当看着孩子们在我的课堂上哈哈大笑时，当看到他们一点一点进步时，当他们对英语越来越自信时，我打心底里开心。所谓师生一场，不过是一场遇见。孩子们的喜欢和铭记，就是教师最棒的礼物。

"我们都说一到六年级，最喜欢的英语老师是您。作业布置得少，上课也很有活力，还很幽默。""您是我第一个英语老师，一直念念不忘。"（教师节，孩子们发来祝福）

"王老师，我们好想你呀。看着你的那段视频，我和我的同学们哭了好久。"（2018年，我荣获"奥林小学最美教职工"称号。举行颁奖仪式时，我正值产假，学生发来感言）

"周一我陪她一起参加线上直播课，她上课很兴奋，说她是你的头号粉丝。我们孩子有些内向，在您的课堂上能这么开心并盼望着上课，我们家长非常感谢。"（2020年初，新冠疫情期间，教学转为线上直播课。第一次直播结束，一位家长发来心得）

"王老师，感谢您给予孩子的关注和鼓励！您细腻的评语让我感动！甚至孩子需努力才能配上您的赞美和鼓励。为孩子遇到您而荣幸。"（一名家长看了我给孩子的评语，有感而发）

"在这个成长的关键时刻，感谢您教会了她很好的学习习惯和学习方法。您对孩子们的爱已经深深影响了他们，谢谢您对孩子们充满爱心的付出、有效率的沟通和学习习惯的培养，不仅打动了孩子们，也打动了我们这些做父母的。永远默默祝福您！我们心中那位美丽可爱的好老师！"（一位即将转学的孩子家长告别留言）

这么多年，在教师岗位上我已经习惯了被"遗忘"，却始终看重那一份师生情。我也没有什么惊天动地的教育事迹，唯愿多年以后，偶然间能被孩子们和家长们想起这场遇见时，嘴角带着一抹微笑。

这是我作为教师的幸福之源，是我一生的追求与热爱。

教育，让我遇见了可爱的孩子们；

教育，也让我遇见了更好的自己；

教育，让我遇见了我一生怀念的地方——行知实验班。

感谢在最美的年华，遇见你，遇见你们。

未来，我期待着更多的"遇见"，遇见不一样的自己、遇见不一样的你们、遇见不一样的未来。

作者简介 王亚雪，女，湖北襄阳人，2009 年到 2013 年在湖北第二师范学院学习，第二届行知实验班学员，2013 年至今在武汉经济技术开发区奥林小学任教，先后担任中队辅导员、大队辅导员、办公室干事、团支部委员、党支部委员、工会委员等职务。曾获武汉市"互联网＋优质课"特等奖、武汉市教育学会论文一等奖、武汉市"书香女职工"称号、开发区教师素养大赛一等奖、开发区绘本比赛一等奖等。

中小学一线教师评论 教师，是一项使受教育者和教育者都不断完善的职业。而青年教师作为学校发展的新生力量，他们的专业成长关乎学校发展高度，更关乎学生成长水平。真正好的教育生态源自教师的自我认同与自我完善，培养青年教师的职业认同感，在学校发展中找到教师培养与学校提升的共振源。以教师内驱力推动个人发展，形成自我成长意识、专业发展现状意识、专业发展规划意识。通过专业的培训引领、有效的团队辐射、多元的激励机制，以及教师个人广泛的阅读积淀、不辍的练笔反思达成教师的可持续发展，构建教师专业发展的和谐氛围，彰显教师主体价值，从而实现教师与学生双向互动式成长。（林娜，武汉经济技术开发区奥林小学校长，中学高级教师，武汉市学科带头人）

高校专家评论 王亚雪老师的成长经历告诉我们：热爱是最好的老师。喜欢当老师，热爱教师职业是青年教师职业发展和专业成长的首要因素。青年教师只有热爱教师职业，才可能主动去钻研教材、研究学生，认真备好每一节课，认真上好每一节课，才能在长期认认真真的教育教学实践中快速成长。要坚定信念，奋勇前行。很多青年教师一开始是很喜欢当老师的，但一遇到困难，可能就会退缩，只有

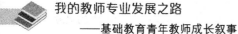
目标明确、意志坚定地向着目标奋勇前行，才能取得理想的发展成就。此外，教师为实现职业发展和专业成长，还要虚心向同事学习。青年教师尽管掌握了一定的教育理论知识和课堂教学技能，但课堂教学的"临堂经验"欠缺，应该虚心地向其他教师学习，吸取他们的长处，弥补自己的不足，才能快速成长。（谭细龙，湖北省教育学会副会长，二级教授，原行知实验班总导师）

后　记

为探索和改革新时代教师教育人才培养模式，面向基础教育培养优秀教师，湖北第二师范学院从 2010 年开始整合校内外优质资源举办"行知实验班"。行知实验班以陶行知先生教学做合一的教育理念为指导，以教师素质训练中心为教学平台，通过强化师德涵养、教师职业认知、教育教学能力、教育研究能力、教育创新能力，为师范生成为未来卓越教师奠定坚实基础。

行知实验班以"立德启智，成己成人"为教育理念。

立德：教育是一项正德的事业，需立德以树人。"太上有立德，其次有立功，其次有立言，虽久不废，此之谓不朽。"（《左传·襄公二十四年》）教育的首要目的在于传承与发展社会美德，提升人类的道德水平；教育的过程也需要教师立德以吸引学生仿效，推进文明发展进程，故师范教育当以立德为宗旨。

启智：教育是一项智慧的事业，需启智以育人。"以文化人，启迪民智"，教育的主要目的在于继承和发扬人类积淀的文明智慧，提升人类的文化水平；教育的过程也需要教师智慧地启迪学生智慧，推进科学发展进程，故师范教育当以启智为目标。

成己：教育是一项示范性事业，需成己以示人。"学高为师，身正为范"，教育需要教师的示范作用。桃李不言，下自成蹊。作为培养教师的师范院校，教师首先需要成就自身的美德智慧，从而去影响和成就师范学生，当师范生成就了自身修养，才能成师并进而影响他们未来的学生，从而达成师而模范之的效果，故师范教育当以成己为追求。

成人：教育是一项成就他人的事业，需达人以厚生。"己欲立而立人，己欲达而达人"，教育的最终目的在于以自身的修养去影响和成就学生，成就学生的生活、成就学生的幸福、成就学生的事业、成就学生的人生，进而成就人类的未来，故师范教育当以成人为理想。

迄今为止，行知实验班已经成功培养了十二届学生，毕业人数超过千人，大多数"行知人"在全国各地中小学教书育人。很多毕业生在工作中取得了骄人成绩，脱颖而出，成为学校的骨干，在教学和班级管理中逐渐形成了自己独特的教育理念和创新成果。

为追踪行知实验班毕业生的职业发展和专业成长情况，湖北第二师范学院教师教育学院邀请了二十二名毕业较早的行知实验班学员（主要是第一届、第二届和第三届的毕业生）撰写自己的成长叙事，每个人的叙事作为书中的一章。他们大多已工作了近十年，完成了从一名"青涩的"师范生向一名"成熟的"教师的过渡与蜕变。我们觉得，这些教师的职业发展既有共性又有独特性，从中不仅能发现新时代教师职业发展的共同模式，也能看到新生代教师个体的独特际遇。请他们把自己的专业成长经历以叙事的形式写出来，一定能构成一幅幅五彩斑斓的青年教师成长与发展图景，这些成长叙事，是富有细节的、生动感人的、发人深思的，是具有时代性和历史价值的；这些真实故事，能让未来一代代师范生和青年教师从中获得启迪，也能让师范高校从毕业生更长远的职业发展视角，反观并改进师范人才培养模式。

参与此次成长叙事撰写的青年教师包括（排名不分先后）：

⊙ 武汉市江岸区育才中学，张思蔚（第一届行知实验班）。

⊙ 武汉市光谷第二小学，胡舒菡（第一届行知实验班）。

⊙ 宜昌市伍家岗区杨岔路小学，陈林琛（第一届行知实验班）。

⊙ 湖北黄梅县八角亭中学，何莹（第一届行知实验班）。

⊙ 湖北省荆门市掇刀石高级中学，郑红（第二届行知实验班）。

⊙ 武汉经济技术开发区奥林小学，王亚雪（第二届行知实验班）。

⊙ 武汉经济技术开发区三角湖小学，张琪（第二届行知实验班）。

⊙ 湖北襄阳高新外国语学校，李晶晶（第二届行知实验班）。

⊙ 武汉市光谷汤逊湖学校，赵禄琪（第二届行知实验班）。

⊙ 武汉市金银湖中学，朱孟浩（第二届行知实验班）。

⊙ 武汉市光谷豹澥第一小学，余艳（第二届行知实验班）。

⊙ 武汉市光谷第五小学，陈文（第二届行知实验班）。

⊙ 武汉市光谷第二小学，许文燕（第二届行知实验班）。

⊙ 中国地质大学（武汉）附属学校，石小芬（第三届行知实验班）。

⊙ 武汉市光谷实验小学，吴欢燕（第三届行知实验班）。

⊙ 广州市铁一中学，陈开灯（第三届行知实验班）。

⊙ 武汉市光谷第三小学，王宏莲（第三届行知实验班）。

⊙ 湖北十堰市茅箭区茅箭中学，刘芳（第三届行知实验班）。

⊙ 武汉市陆家街中学，于重（第三届行知实验班）。

⊙ 湖北蕲春县第三高级中学，叶凡（第三届行知实验班）。

⊙ 湖北宜昌市西陵区明珠小学，李静文（第三届行知实验班）。

⊙ 武汉市光谷第九小学，王秀秀（第六届行知实验班）。

为促进读者从不同的视角理解青年教师的成长，我们邀请了一位中小学一线资深教师和一位高校从事教师教育的专家来对每位教师撰写的叙事进行针对性评论，谈谈他们对教师职业发展和专业成长的感受、体会和理解，以飨读者。在此对他们表示衷心的感谢！

参与撰写评论的中小学一线资深教师包括（排名不分先后）：

⊙ 杨银分，武汉东湖高新区教育发展研究院教研员，中学高级教师。

⊙ 牛琨，宜昌市伍家岗区杨岔路小学高级教师，曾任校教导主任，区级评课组专家。

⊙ 胡艳虹，武汉市陆家街中学副校长，中学高级教师。

⊙ 余大志，湖北襄阳高新外国语学校校长，湖北省中华职教社社务委员，襄阳市第十五届政协委员。

⊙ 习海平，武汉市光谷第五小学校长，特级教师。

⊙ 陈　暾，广州市铁一中学教育集团副校长，中学高级教师。

⊙ 何艳荣，武汉市光谷第三小学信息资源中心主任，中学高级教师。

⊙ 彭耀勇，湖北十堰市茅箭区茅箭中学德育副校长，中学高级教师。

⊙ 吕柳斌，湖北黄梅县八角亭中学数学高级教师。

⊙ 郑　丽，武汉市光谷第二小学高级教师。

⊙ 李　静，武汉市光谷实验小学副校长，中学高级教师。

⊙ 罗红兵，中国地质大学（武汉）附属学校副校长，中学高级教师。

⊙ 袁志博，武汉市光谷豹澥第一小学校长，小学语文高级教师。

⊙ 饶家伟，武汉市光谷第九小学校长，中学高级教师，湖北省特级教师，首批楚天中小学教师校长卓越工程培养对象，武汉市东湖高新区"名师工作室"主持人。

⊙ 肖盛怀，湖北仙桃市杨林尾二中教师，湖北省特级教师，湖北省首届十大新锐班主任，中国民主同盟盟员。

⊙ 朱凤江，武汉经济技术开发区三角湖小学校长，中学高级教师。

⊙ 苏文凯，武汉市江岸区育才中学教导主任，高级教师。

⊙ 张　浩，湖北省蕲春第三高级中学高三语文备课组长，高级教师。

⊙ 乐　希，武汉市光谷第二小学数学备课组长。

⊙ 张　芳，湖北黄石市广场路小学副校长，中学高级教师。

⊙ 林　娜，武汉经济技术开发区奥林小学书记、校长，中学高级教师，武汉市学科带头人。

⊙ 梅羽良，湖北钟祥市胡集高级中学副校长，语文高级教师。

参与撰写评论的高校教师包括（排名不分先后）：

⊙ 夏正江，上海师范大学教育学院教授，博士，博士生导师。

⊙ 崔　鸿，华中师范大学生命科学学院教授，博士生导师。

⊙ 钟云华，湖南师范大学教育科学学院教授，博士，博士生导师。

⊙ 张青根，华中科技大学教育科学研究院副教授，博士，博士生导师。

⊙ 付卫东，华中师范大学信息化与基础教育均衡发展协同创新中心副教授，博士，博士生导师，湖北省高质量发展研究院副院长，长江教育研究院研究员，国家教育治理研究院研究员。

⊙ 胡茂波，湖北工业大学职业技术师范学院教授，博士，硕士生导师。

⊙ 崔　波，湖北师范大学教育科学学院副院长，副教授，教育学博士，硕士生导师。

⊙ 肖　凯，湖北大学师范学院讲师，博士。

⊙ 田恒平，湖北第二师范学院教务处处长，博士，三级教授，华中师范大学博士生导师，湖北名师，省政府专项津贴享受者，教育部国培专家，师范专业认证专家。

⊙ 沈友青，湖北第二师范学院体育学院院长，博士，教授。

⊙ 冯光庭，湖北第二师范学院数学与经济学院教授，硕士生导师，湖北省特级教师。

⊙ 谭细龙，湖北省教育学会副会长，二级教授，原行知实验班总导师。

⊙ 熊华生，湖北第二师范学院教育科学学院教授，博士，《班主任之友》杂志副主编。

⊙ 邓樱花，湖北第二师范学院化学与生命科学学院教授，博士，教务处副处长。

⊙ 张炜，湖北第二师范学院教育科学学院副院长，教授，博士，湖北教师教育研究中心副主任。

⊙ 刘晶晶，湖北第二师范学院副教授，博士，硕士生导师。

⊙ 余娟，湖北第二师范学院副教授，博士，硕士研究生导师，《班主任之友》杂志编审，教育部综合实践活动实践基地终审专家。

⊙ 万爱莲，湖北第二师范学院教育科学学院副教授，博士，硕士生导师。

⊙ 郭三玲，湖北第二师范学院教师教育学院副院长。

⊙ 刘永存，湖北第二师范学院教师教育学院院长，教授，博士。

⊙ 张和平，湖北第二师范学院教师教育学院副院长，教授，博士。

我们还特别邀请了湖北省教育科学研究院傅华强院长为本书作序。傅华强院长是湖北第二师范学院行知实验班的创始人之一，在中小学教育教学、教师教育人才培养、教师专业发展等领域经验丰富、资历深厚、勇于创新，富有教育情怀，没有他当年的努力就没有行知实验班，也就没有本书的诞生。他为本书撰写序言，体现了他对行知实验班的真挚厚爱和精神上的支持，更寄托了一种对我校师范教育的殷切期待。在此表示衷心感谢！

本书的出版，还要感谢吉林大学出版社的各位编辑老师，没有他们辛勤的付出，本书难以顺利和读者见面。此外，还有很多人为本书的出版做出了积极努力和具体工作，在此一并表示感谢。